ars vivendi

Familienausflüge in Franken

Herausgegeben von Sylvia Schaub

Ein ars vivendi Freizeitführer

Autoren dieser Ausgabe: Tessa Korber,
Barbara Neukam, Bettina Sandmann,
Sylvia Schaub, Claudia Sebert

Bildnachweis: Kur- und Tourist-Information Bischofsgrün: S. 67, 71; EISEN: S. 149; FLIMB fun climbing GmbH: S. 80; Stadt Gemünden a. Main: S. 113; Herbert Götz: S. 110; Tourist-Information Hof: S. 81; BERGWERK WERBEAGENTUR: S. 63; Gemeinde Kammerstein: S. 156; Landschaftspflegeverband Mittelfranken: S. 23, 131; Barbara Neukam: S. 35, 105, 162; Moritz Neukam: S. 143; Stadt Neustadt b. Coburg: S. 85, 86; Pferdeparadies Sanspareil: S. 57; Bettina Sandmann: S. 15, 29; Sylvia Schaub: S. 10, 12, 13, 19, 20, 37, 39, 43, 51, 53, 55, 75, 76, 89, 91, 95, 96, 101, 117, 121, 122, 127, 128, 133, 136, 139, 147, 151, 153, 166, 167; Reinhard Scheuerlein: S. 33, 106, 144, 161; Claudia Sebert: S. 68; Tourist-Information Schweinfurt 360°: S. 109; Universität Erlangen-Nürnberg/Aromagarten: S. 28; Touristinformation Wiesenttal: S. 47.

2., aktualisierte Auflage August 2013
1. Auflage 2011

www.arsvivendi.com

Umschlagfotografie: Miredi/fotolia
Lithografie: Reprostudio Harald Schmidt, Nürnberg
Satz: Christine Richert, www.typoholica.de
Karte: Ingenieurbüro Dieter Ohnmacht, Frittlingen
Lektorat: Ulrike Jochum
Druck: Beltz, Bad Langensalza
Printed in Germany

ISBN 978-3-86913-064-4

Inhalt

Zeichenerklärung 8

1 *Ausstieg auf Zeit* 9
Kleine Auszeit – Spaziergang durch die Pegnitzauen

2 *Hallo, wer spricht denn da?* 14
Auf Spurensuche im Museum für Kommunikation Nürnberg

3 *Zu Besuch bei Regina und der Guten Luise* 17
Erlebnisernten in Hüttendorf

4 *Fast wie in der Prärie* 22
Spaziergang zu den Urwildpferden im Tennenloher Forst

5 *Prometheus und Pfefferminz* 26
Natur-Tour durch Erlangen

6 *Hinter den sieben Bergen ...* 31
Langlaufen und Rodeln in Lichtenegg

7 *Die Affen rasen durch den Wald* 36
Abenteuer-Parcours im Kletterpark Pottenstein

8 *Die Neandertaler lassen grüßen* 41
Höhlenwanderweg bei Muggendorf

9 *Auf jeden Fall magisch* 45
Der Druidenhain bei Wohlmannsgesees als Ziel einer Groß- oder Kleinwanderung

10 *In die Boote, fertig, los!* 49
Familienfreundliche Kanufahrt auf der Wiesent

11 *Der Schatz der Bachprinzessin* 52
Kindererlebnisweg im Wald bei Mengersdorf

12 *Pony und Pizza* 56
Mehr als nur ein Ponyspaziergang im Pferdeparadies Sanspareil

13 *Von Stahlkolossen und Flattermännchen* 60
Tour der Gegensätze in Neuenmarkt bei Kulmbach

14 *Stierhaupt und Pommes in 1000 Metern Höhe* 65
Erkundungstour auf dem Ochsenkopf mit Märchenwanderung

15 *Frau Holle greift zum Stecker* 70
Bischofsgrün lockt mit längster Piste und größtem Schneemann

16 *Drei Brüder mit Napoleonshut* 73
Felsenlabyrinth Luisenburg

17 *Zehn angestaute Glücksgefühle* 78
Ein Tag am Untreusee in Hof

18 *Stadt ohne Grenze* 83
Zwei Ausflugstipps für Neustadt bei Coburg

19 *Weihnachtstraum und Spielzeugparadies* 88
Halbtägiger Museumsausflug in Neustadt bei Coburg

20 *Fischer, Fischer, wie tief ist das Wasser?* 93
Flusserlebnispfad in Bamberg und Hafenrundfahrt

21 *Drahtesel trifft Schnatterente* 98
Haßfurt/Zeil a. Main – Radrundweg am Main entlang

22 *Alt, älter, Methusalem* 103
Ein Baumriesen-Pfad im Steigerwald

23 *Tierischer Spaß tierisch günstig* 108
Besuch des Wildparks Schweinfurt

24 *Ja, so war'n die alten Rittersleut'* 111
Kinderfreundliche Stadtführung durch Gemünden a. Main

25 *Spieglein, Spieglein an der Wand* 115
Zeitreise durch die Region – das Spessartmuseum in Lohr a. Main

26 *Im Wald sind nicht nur Räuber* 120
Waldpädagogische Führung im Naturpark Spessart

27 *Ein Hauch von Asterix* 124
Auf den Spuren der Römer in Marktbreit

28 *Oasen der Sinne* 129
Kunst- und Erfahrungsrundweg bei Münchsteinach

29 *Wo auf dem Berg die Hexen tanzen* 135
Naturwanderung auf den Petersberg bei Marktbergel

30 *Das fränkische San Gimignano* 141
»Ausflugspotpourri« für Rothenburg und das Taubertal

31 *Bauernhof-Olympiade* 146
Erlebnis-Bauernhofführung in Sammenheim

32 *Einmal zur Sonne und zurück* 150
Radtour – Planetenweg Georgensgmünd und Brombachsee

33 *Eine 14 km lange Geschichte* 155
Der Sagenwanderweg Heidenberg erschließt sich am besten per Rad

34 *Wo Teufel und Apostel sich begegnen* 158
Rundwanderung im Altmühltal

35 *Auf der Suche nach dem Archäopteryx* 164
Halbtagesausflug zum Fossiliensteinbruch Eichstätt und Naturerlebnispfad

Die Autorinnen 168

Register 169

Zeichenerklärung

Tour

Informationen

Jahreszeit

Weglänge/Dauer

Altershinweis

Anreise

Sonstiges

Einkehrtipp

Literaturtipp

Ausstieg auf Zeit

Entspanntes Bummeln an der Pegnitz entlang, das mit sportlichen und spielerischen Elementen verbunden werden kann.

Tourist-Information, Hauptmarkt 18, 90403 Nürnberg, Tel. 09 11/23 36-0, www.nuernberg.de, www.nuernberg.de/internet/sportservice/pegnitztalwest.html

Ganzjährig (bei Hochwasser großräumig gesperrt).

Ca. 2 km, 1 Std., man kann sich bei Nutzung aller Aktivitäten aber auch länger aufhalten.

Treffpunkt von Alt und Jung, egal ob zu Fuß, mit Fahrrad, Roller oder Inlineskates.

ÖPNV: Nürnberg Hbf., U-Bahn (alle Linien) bis Plärrer, Straßenbahnlinie 6 bis Westfriedhof (Endhaltestelle). *Kfz:* A73, Ausfahrt Nürnberg-Westring, Richtung Nordwestring, Parkplätze am Seitenstreifen oder Endhaltestelle Straßenbahnlinie 6.

Ausgewiesener Grillbereich auf den Pegnitzwiesen, Grill muss selber mitgebracht werden, Parkmöglichkeit West-Bad (bitte Müll nach dem Grillen entsorgen!).

Café Dampfnudelbäck (Straßenbahnlinie 6, Haltestelle Hallerstr.), Johannisstr. 34, 90419 Nürnberg, Tel. 09 11/39 75 04, www.dampfnudelbaeck.de, So–Do 8.30–24.00, Fr, Sa 8.30–1.00.

Raus aus der City

Auch wer in der Großstadt wohnt, sehnt sich ab und zu nach ein bisschen Erholung im Grünen, Relaxen am Wasser oder Bewegung an der frischen Luft. Und manchmal braucht es dazu keine weiten Strecken, denn das Gute liegt doch oft so nah. Auch Nürnberg hat solch grüne Oasen, die fast mitten im Zentrum liegen. Die Pegnitzauen westlich der Innenstadt sind aus der City sogar per Fußmarsch zu erreichen, auf jeden Fall aber mit Rad oder Straßenbahn.

Wir beginnen unseren Erholungsspaziergang an der Theodor-Heuss-Brücke, nur wenige Schritte von der Endhaltestelle Westfriedhof der Straßenbahnlinie 6 entfernt. Ein paar Stufen führen uns nach unten auf den Süßheimweg, und schon eröffnet sich uns eine andere Welt, fernab von Autoabgasen und Verkehrslärm. Beim ersten Blick auf die Pegnitzwiese wird uns klar, dass hier die Sportler gefragt sind – oder solche, die es werden wollen. Unter der Brücke, daher auch bei Regen bespielbar, sind mehrere Basketballkörbe aufgestellt. Auf der Wiese befinden sich Fußballtore und allerlei Turngeräte. Ob wir an den Ringen schaukeln (drei verschiedene Höhen) oder uns im Hürdensprung trainieren möchten, der Sportbereich in den Pegnitzauen hat so einiges an Fitnessequipment zu bieten. Und macht es draußen bei herrlichem Sonnenschein und dem Plätschern der Pegnitz nicht gleich doppelt so viel Spaß?

Zurück zu alten Ufern

Wir spazieren weiter die Pegnitz entlang und entdecken in einem alten, knorrigen Baum, der weit in den Fluss hineinragt, ein willkommenes Fotomotiv. Wir beobachten die Enten, die auf dem Wasser dahinpaddeln, um im nächsten Moment eine der Inseln im Flussbett anzusteuern. Im Zuge der Renaturierung der Pegnitz wurde 1998 damit begonnen, den Gewässerverlauf hier wieder abwechslungsreicher und vielfältiger zu gestalten. Der Landschaftsbereich an der Pegnitz sollte für die Bürger einen höheren Freizeitwert haben, ökologische Gesichtspunkte durften dabei aber nicht vernachlässigt werden. Die Inseln sind nur eine der Maßnahmen, die im Zuge des Projekts »Stadt am Fluss« erfolgreich umgesetzt wurden. Am Flussufer auf unserer Seite schaffen große Steinquader eine idyllische Sitzgelegenheit direkt am Wasser, und ein kleines Hinweisschild lässt uns wissen, dass wir in dieses Areal beim nächsten Mal unseren Grill mitnehmen dürfen. Der Sommer kann kommen!

Wir überqueren den asphaltierten Weg, der sich bis an den Rand der Innenstadt fortsetzt, und erforschen den nächsten Abschnitt der neugestalteten Flusslandschaft. Ein lauschiger Tümpel, umgeben von mannshohen Schilfpflanzen, hält für Kinder einen attraktiven und naturnahen Entfaltungsraum bereit. Gespeist wird die Wasserstelle von einem eigens angelegten Bachlauf. Auf der Wiese davor wurden unter schattenspendenden Bäumen weitere Sitzmöglichkeiten aus Stein und Holz harmonisch in den Hang eingebettet. Wir folgen dem Bachlauf bis zur Pegnitz. Ein nach alten Plänen gebautes

Naturentfaltungsraum mitten in Nürnberg

Wasserschöpfrad sorgt an dieser Stelle für den Wassernachschub. Stundenlang könnten wir hier sitzen und zuschauen, wie das Wasser unermüdlich aus dem Flusslauf gehoben und laut plätschernd in den Zulauf zum Bach geschüttet wird.

Poeten und Generationen-Park

Aber es gibt ja noch mehr zu sehen und zu entdecken. Kurz vor dem neugestalteten Spiel- und Sportgelände zieht uns ein kleiner, halbrunder Schauplatz in den Bann. »Das Poetenwäldchen«, so erfahren wir auf einer kleinen Tafel, wurde von 1644 bis 1670 von den Mitgliedern des Pegnesischen Blumenordens genutzt, um gemeinsam zu musizieren, Gedichte vorzutragen oder auch kleine Theaterstücke aufzuführen. Welcher noch unbekannte Nachwuchspoet wird hier wohl seine nächste Lesung halten?

Nach der Lyrik rückt der Bewegungsdrang wieder in den Vordergrund. Erst 2009 wurde der Bewegungspark für alle Generationen in den Pegnitzauen eröffnet. Die Schaukel inmitten der Freizeitanlage ist ausnahmsweise mal nicht nur für Kinder reserviert. Bewegung für Jung und Alt ist das Motto dieses ansprechenden Erlebnisareals. Auf dem einladenden Balancierparcours mit Stelzenlauf, Kletterbrücke und Kettenbalken wollen wir sogleich unsere Koordination und Geschicklichkeit testen. Ein wenig Muskeltraining für Bauch und Beine würde uns auch ganz gut tun. Also ran an Bauchtrainer, Fahrrad und Armzug! Etwas aus der Puste, aber mit jeder Menge Glückshormone im Körper, setzen wir unseren Spaziergang Richtung Innenstadt fort. Der Uferbereich wird nun nach und nach schmaler, und der Asphaltweg führt uns für kurze Zeit weg vom Fluss. Wir biegen nach links und gleich wieder nach rechts in die Großweidenmühlstraße ein. Zwischen zwei Gebäuden können wir der Pegnitz noch mal ganz nahe kommen und dem Rauschen des Weidenmühlwehrs zuhören. Die letzten Meter am Flussufer führt die Strecke über einen Schotterweg an Bäumen und schattigen Bänken vorbei. Hier lässt es sich gemütlich einen Augenblick mit Sicht auf die Pegnitz verweilen. Anschließend steigen wir die Stufen zum Neutorgraben hinauf und fahren mit der Straßenbahnlinie 6 quer durch St. Johannis wieder zur Endhaltestelle Westfriedhof zurück.

Sylvia Schaub

Der Bewegungspark für alle Generationen lockt Groß und Klein

2 Hallo, wer spricht denn da?

Kinderfreundlicher Museumsausflug am Rande der Nürnberger City.

Museum für Kommunikation Nürnberg, Lessingstr. 6, 90443 Nürnberg, Tel. 09 11/2 30 88-0, www.mfk-nuernberg.de, Di–Fr 9.00–17.00, Sa, So, Fei 10.00–18.00, Mo geschlossen außer an Fei und nach Adventssonntagen, geschlossen auch am 24./25./31.12., 01.01., Karfreitag und 01.05. Eintritt: 5 €, Kinder ab 6 Jahre 2,50 €, Familienkarte 10 €.

Ab 5 Jahre, kinderwagengeeignet und weitgehend barrierefrei.

ÖPNV: Zu Fuß am Hauptbahnhof Nürnberg den westlichen Seitenausgang nehmen, die Straße überqueren und der Eilgutstr. parallel zum Ring folgen, am Theater vorbei zur Lessingstr. gehen; oder mit der U2 bis Opernhaus, dann in die Lessingstr. einbiegen. *Kfz:* Innerstädtischer Ring bis Frauentorgraben, einbiegen in die Lessingstr. Parken: Parkhaus Oper/Theater.

Das Museum ist gemeinsam mit dem DB Museum Nürnberg im Gebäude des Verkehrsmuseums untergebracht. Auch dieser Teil mit Dauer- und Sonderausstellungen, Fahrzeughallen und Eisenbahn-Erlebniswelt lohnt einen Besuch. Die Eintrittskarte berechtigt zum Besuch beider Museen, www.dbmuseum.de

Museumsrestaurant *Tinto – tapas y vino,* Tel. 09 11/ 65 08 45 30, Di–Fr 9.00–13.00, Sa, So 10.00–13.00; klassische Hauptspeisen und Tapas, auch Frühstück, Sonntagsbrunch und hausgemachter Kuchen.

Uralte Symbole und fremde Laute

Dieses Museum macht seinem Namen alle Ehre. Mit der Neukonzeption in den ehrwürdigen Mauern des Verkehrsmuseums an der Lessingstraße haben die Macher des Museums für Kommunikation seit November 2010 die Thematik um Sprache, Schrift, Botschaftenübermittlung und -versand verständlich und ansprechend aufbereitet.

Vier Räume gibt es hierfür nun im zweiten Obergeschoss, und vier Themenbereichen der Kommunikation sind sie zugeordnet: Töne, Bilder, Schrift und Internet werden in ihrer Entwicklung und ihren unterschiedlichen Ausprägungen übersichtlich dargestellt und laden zum Experimentieren ein.

Gleich im Eingangsbereich geht es los mit dem Schreibenlernen. Ein hoher glatter Jurastein, darauf eine Wasserpfütze zum Eintunken des eigenen Zeigefingers – vielleicht hat so auch ein früher Urahn von uns die ersten, flüchtigen Markierungen hinterlassen und damit den Grundstein für unsere Schrift gelegt?

Dahinter, im Töne-Raum, dreht sich alles um Klänge, Geräusche und Stimmen. Wie lernt ein Kind sprechen? Wie hört sich Altdeutsch an oder Kölsch, wie die Sprache der Jarawa von den Andamanen-Inseln und wie das Taa des !Xoon-Volkes in Botswana? Wer hier nur Bahnhof versteht, nutzt einfach die Hörstationen überall im Raum.

Aha-Erlebnisse vermitteln auch die folgenden Museumsbereiche. Im Bilder-Raum geht es um die vielfältige und oft unbewusste Übermittlung von Botschaften durch Zeichen. Das kann ein Verkehrsschild oder ein Symbol sein, ein Foto oder Film, ein Firmenlogo oder auch die Uniform eines Postbeamten. Beispiel- und Vergleichsbilder zeigen: Auch Gestik und Mimik eines Gegenübers senden uns wichtige Botschaften.

Mal reinhören: So verläuft die Sprachentwicklung vom Baby zum Erwachsenen

Vom Hieroglyphen zu Digitalcodes

Noch eine wichtige Kommunikationstechnik erwartet die Besucher im nächsten Bereich: die Schrift. Im Museum können Kinder und Erwachsene eine chinesische Schreibmaschine mit einer Fülle an Schriftzeichen bestaunen, ihren Namen mit Stempeln in Keilschrift übersetzen, Geheimtintenrezepte ausprobieren und mit einem echten Federkiel schreiben.

Seit Ende 2012 gibt es ein zusätzliches Highlight in einem Seitenraum der Abteilung »Schrift«: die rekonstruierte Grabkammer des altägyptischen Künstlers Sennedjem aus Deir el-Medine.

Sinnvoll an der aktuellen Konzeption ist auch, dem Internet am Ende der Ausstellung einen eigenen Raum zu widmen, der die Entwicklung von Computer, World Wide Web und digitaler Vernetzung darstellt. Die Umwandlung unserer bekannten Zeichen in einen digitalen Code aus Einsen und Nullen kann man dort selbst nachvollziehen. Historische Netzkarten veranschaulichen, wie sehr sich unsere über Jahrtausende entwickelte Kommunikation durch die virtuelle Vernetzung im Internet rasant und über alle Grenzen hinaus weiter wandelt und verknüpft.

Ab die Post!

Neben der Entwicklung und Anwendung von Sprache, Symbolen oder Schriften spielt in allen vier Räumen auch die technische Übermittlung eine Rolle. Botschaften, die früher per Trommel, Keilschrifttäfelchen oder Alpenjodler weitergegeben wurden, erreichen ihre Empfänger heute über Telefone, Bildschirme oder per Internet.

Träger des Museums ist die Museumsstiftung Post und Telekommunikation, die von der Deutschen Telekom AG und der Deutschen Post AG finanziert wird. Daher finden sich hier auch viele Exponate aus der Vergangenheit dieser Unternehmen: die erste Nürnberger Telefonzelle und alte Bakelit-Wandtelefone mit Wählscheiben etwa oder heute fast kurios anmutende Postfahrzeuge aus den 50er-Jahren. Neben einer Telefonvermittlungsstelle ist im Museum beispielsweise auch eine Rohrpostanlage installiert, die Kunststoffbüchsen an selbstgewählte Zielstationen im Raum verschickt – ein faszinierender Spaß.

Bettina Sandmann

Zu Besuch bei Regina und der Guten Luise

3

Ausflug zum Obst- und Gemüseernten auf das Erlebnisfeld Huckepack in Erlangen-Hüttendorf. Viele Informationen zu heimischen Obst- und Gemüsesorten und Einkauf von Selbstgepflücktem. Ausgedehnte Naturspielwiese mit Grillmöglichkeit vorhanden. Führungen über das Gelände können gebucht werden.

Huckepack Erlebnisernten, Vacherstr. 3c, 91056 Erlangen-Hüttendorf, Tel. 09 11/76 25 70, www.huckepack-ernte.de, Mitte Mai–Okt Di–So 10.00–19.00, Mo geschlossen. Eintritt zur Spielwiese: 3 €.

Mitte Mai–Okt, je nach Jahreszeit können die verschiedenen Früchte und Gemüsesorten geerntet werden.

12 ha großes Gelände, Aufenthaltsdauer beliebig.

Für jedes Alter spannend. Kinderwagentaugliches Gelände.

ÖPNV: Mit der Bahn bis Erlangen, Buslinie 281 bis Hüttendorf, ca. 500 m Fußweg Richtung Vach. *Kfz:* A 73, Ausfahrt Erlangen-Eltersdorf, St 2242 bis Vach, St 2263 durch Vach bis Abzweigung Hüttendorf, Parkplätze vorhanden.

Grillfleisch und Getränke mitbringen, Obst und Gemüse ernten und auf der Spielwiese ein Picknick veranstalten. Schwenkgrills und zahlreiche Sitzgarnituren sind vorhanden.

Die Obstpflücker mit dem Strohhut

Cueillettes chapeau de paille, zu Deutsch *Strohhuternte,* so nennt sich die Vereinigung französischer Landwirte, die in der Nähe von Paris und Straßburg das Erlebnisernten eingeführt haben. In Hüttendorf bei Erlangen hat Landwirt Jürgen Niedermann das Konzept eines solchen Erlebnisfeldes umgesetzt – das einzige dieser Art im bayerischen Raum.

Erlebnisernten – was ist das überhaupt? Wir wollen es heute einmal ganz genau erfahren.

Wir betreten das Gelände der Huckepack-Felder durch einen kleinen Verkaufsraum. Hier lassen sich wie im Hofladen frisches Gemüse und saisonales Obst sowie Honig und Eier direkt einkaufen. Wer die Mühe nicht scheut, kann sich allerdings auch Schubkarre, Messer und Spaten ausleihen und auf dem zwölf Hektar großen Areal die süßesten Früchte selber ernten. Und Spaß macht das Ganze allemal! Beim Pflücken von saftigen Beeren und knackigem Salat läuft einem nicht nur das Wasser im Munde zusammen, sondern man erfährt ganz nebenbei auch noch so einiges über die Nahrungsmittel aus heimischem Anbau. Bei jedem Produkt findet man Hinweisschilder über Sorte, Geschmack, Reifezeitpunkt, Verwendung und Qualitätsmerkmale der entsprechenden Obst- oder Gemüseart.

Eier suchen und Himbeeren naschen

Direkt hinter dem Eingang hört man aufgeregtes Hühnergackern. In einem großen Freigehege hat das muntere Federvieh viel Platz, und im angrenzenden Stall sind Kästen mit Klappen installiert, aus denen die Besucher die frisch gelegten Eier selbst herausholen können.

Linker Hand geht es zu den Salat- und Kräuterfeldern. Über breite Wege lässt sich jedes Kraut gut erreichen. Wir schnuppern an Salbei, Petersilie und Thymian. Ein Stück weiter treffen wir auf unser Lieblingsgemüse – die Tomate. Die Auswahl fällt hier schwer: Nehmen wir Flaschentomaten oder lieber die kleineren Cocktailtomaten? Oder probieren wir doch mal die gelben Tomaten?

Als Nächstes zieht es uns in die Naschecke. Die süßesten Himbeeren baumeln vor unseren Augen. Aber aufgepasst, die leckersten Früchte hängen nicht unbedingt in Sichthöhe. So kam unlängst ein Mann an die Kasse, erinnert sich Senior-Chef Niedermann, und behauptete, dass es keine Himbeeren mehr gäbe. Eine Frau, etwa eineinhalb Köpfe kleiner als er, meinte daraufhin: »In meiner Größe gibt es noch genug Himbeeren.«

Neben mehreren Himbeersorten mit exotischen Namen wie ›Pokusa‹ oder ›Elida‹ vervollständigen Brombeeren, schwarze und rote Johannisbeeren sowie Heidelbeeren in diesem Bereich das Beerenprogramm.

Hinter den Sträuchern treffen wir auf ›Regina‹ und ›Kordia‹, zwei Verwandte aus dem Kirschensortiment. Kirsch- und Zwetschgenbäume stehen hier in Reih und Glied und warten auf hungrige Obst-

Hello Kitty

Die Naturspielwiese: Eroberung der Strohpyramide

pflücker. Damit die Früchte durch Regen nicht aufplatzen, werden die Bäume im Sommer mit Folien vor Nässe geschützt.

Die Apfel- und Birnenbäume müssen dagegen mit speziellen Netzen vor Hagelschäden bewahrt werden. »Was sind denn die beliebtesten Apfelsorten?«, wollen wir wissen. Die Antwort kommt sofort. ›Gala‹ und ›Elstar‹ sind die Topfavoriten bei den Huckepack-Besuchern, aber auch ›Jonagold‹, ›Boskop‹ oder ›Delbarestivale‹ lässt man sich während der Haupterntezeit von Anfang September bis Ende Oktober gerne schmecken. In unmittelbarer Nachbarschaft treiben Birnbäume wie die ›Gute Luise‹ oder ›Williams Christ‹ ihre saftigen Früchte.

Viel junges Gemüse

Auf unserem weiteren Weg durch das Gelände erreichen wir nun die Gemüse-Hochburg. Teilweise unter Foliendächern optimal geschützt und über ein groß angelegtes Bewässerungssystem bestens versorgt, können wir uns mit den Pflanzen von Bohne, Paprika, Tomate und Aubergine vertraut machen. Da stellt sich einmal mehr die Frage, warum die eigenen Balkontomaten kläglich eingegangen sind, während hier alles so prächtig wächst und gedeiht? »Tomaten niemals von oben bewässern« heißt der einfache Tipp des Experten, und wieder sind wir ein wenig schlauer geworden.

Auf den weitläufigen Feldern, die zum großen Teil im Laufe der Jahre hinzugepachtet wurden, warten mit Brokkoli, Rote Beete oder Kürbis noch zahlreiche Vitaminbomben auf uns. Natürlich fehlen auch Klassiker wie Kartoffeln, Lauch und Zwiebeln nicht in dem umfangreichen Naturkostsortiment. Nur den Rosenkohl sollten wir jetzt lieber noch nicht ernten, denn ihm tut ein wenig Frost gut, damit er weniger bitter schmeckt.

Unseren absoluten Lieblingsbereich in Sachen Obsternte erreichen wir schließlich auch noch – die Erdbeerfelder. Auf einer ausgedehnten Plantage werden hier allein sieben verschiedene Erdbeersorten aufgezogen. Wie schade nur, dass die Erdbeersaison inzwischen so gut wie vorbei ist.

Nun heißt es, die gut gefüllten Schubkarren und Körbe zum Wiegen zu bringen. Nachdem die eigenhändig geernteten Leckereien bezahlt sind, bleibt uns noch Zeit zum ausgiebigen Schlemmen und Spielen. Also auf zur Naturspielwiese! Wir haben unseren Picknickkorb dabei und können das frisch geerntete Gemüse direkt neben den mitgebrachten Würstchen auf den Grill legen. Während die Kinder sich auf der riesigen Strohpyramide und im überdimensionalen Pezziball-Spielfeld austoben, ergattern wir uns einen gemütlichen Platz auf einer der vielen bunten Sitzgarnituren. Mag jetzt vielleicht noch jemand die Ziegen füttern? Oder darf es ein einzigartiges Bad in tausend winzigen Maiskörnern sein?

Eines ist sicher. Langweilig war es heute nicht ein einziges Mal.

Sylvia Schaub

4 *Fast wie in der Prärie*

Wanderung zum Gehege der Przewalski-Wildpferde im Tennenloher Forst mit interessanten Informationen zu den »vierbeinigen Landschaftspflegern« und dem Naturschutzgebiet. Führungen bei der Gebietsbetreuung möglich.

Landschaftspflegeverband Mittelfranken, Außenstelle Tennenlohe, Turmberg 3, 91058 Erlangen, Tel. 0 91 31/6 14 63 45, www.wildpferde-tennenlohe.de

Ganzjährig.

Rund 8 km, ca. 2–3 Std.

Alle Altersgruppen. Der ausgebaute Weg zum Wildpferdgehege kann auch mit Kinderwagen oder Fahrradanhänger befahren werden. Um das Gehege selbst ist dies nur teilweise möglich.

ÖPNV: Mit der Bahn bis Erlangen, Buslinie 30 bis Walderlebniszentrum oder Heuweg. *Kfz:* A 3, Ausfahrt Tennenlohe, B 4 bis Erlangen-Ost, Kreisverkehr Richtung Eltersdorf, in der ersten Kurve befindet sich links der Parkplatz (Kurt-Schumacher-Str./Weinstr.).

Brotzeit/Getränke, wetterfeste Kleidung und evtl. Fernglas mitnehmen! Bitte beachten, dass es sich hier um ein Naturschutzgebiet und um ein ehemaliges, munitionsbelastetes Truppenübungsgelände handelt! D. h. Hunde müssen angeleint und nur die ausgewiesenen Wege dürfen benutzt werden. Die Wildpferde bitte nicht füttern oder streicheln! Empfehlenswert ist auch ein Besuch im nahegelegenen Walderlebniszentrum, Weinstr. 100, 91058 Erlangen, Tel. 0 91 31/60 46 40, www.walderlebniszentrum-tennenlohe.de

Das (fast) ausgestorbene Pferd

Urwildpferde – Tiere weit vor unserer Zeit. Ausgestorben, wie die Dinosaurier. Oder etwa nicht?

Junge Przewalski-Hengste im Tennenloher Forst

Nein! Sicher, Wildpferde gab es bereits vor ca. 12 000 Jahren, auch in Europa. Aber spätestens um 1200 n. Chr. hatten sich die letzten überlebenden nach Zentralasien zurückgezogen. Ein russischer Major namens Nikolai Michailowitsch Przewalski spürte die beeindruckenden Tiere dort wieder auf und verlieh ihrer Art seinen Namen. Seit 1970 gelten sie in freier Natur als ausgestorben, aber durch Aufzucht in Zoos konnte ihr Bestand bis heute fortgeführt werden.

Im Tennenloher Forst haben diese einzigartigen Pferde ein vorübergehendes Zuhause gefunden. Wir hoffen, sie dort in ihrem ca. 85 Hektar großen Gehege einmal in natura sehen zu können. Dass uns das tatsächlich gelingen wird, ist allerdings nicht garantiert.

Eine großflächige Infotafel zu den Urwildpferden signalisiert uns bereits am Parkplatz vor dem Tennenloher Forst, dass wir hier richtig sind. Zwei Rundwanderwege führen uns zum Gehege der Przewalski-Pferde. Ein paar Schritte nur, und wir tauchen rechts in den schattigen Wald ein. An der nächsten Gabelung führt uns die Strecke ebenfalls nach rechts auf einen breiten, teilweise asphaltierten Weg. Der Wald lichtet sich, und wir landen auf einem großen Freiplatz, der von einem Quellstein mit winzigen goldenen Figuren dominiert wird. Rechts führt uns die Route zum Walderlebniszentrum, linker Hand taucht bereits das weitläufige Gelände der Pferde auf. Um den urigen Vierbeinern mehr Platz zu bieten, wurde das Gehege erst kürzlich bis hierhin erweitert. Hinter dem Zaun macht sich karge Steppenlandschaft breit, und mit dieser verknüpft sich auch die Bedeutung der Urwildpferde in diesem Gebiet.

Rettung der Blauflügeligen Ödlandschrecke

Bis 1993 hatte das Militär hier das Sagen. Panzer hielten Sandmagerrasen und Heide offen und schafften so ein Eldorado für eine Vielzahl schützenswerter Tier- und Pflanzenarten wie die Heidelerche, den Sandlaufkäfer oder die Blauflügelige Ödlandschrecke. Um dem Verschwinden dieses offenen Sandlebensraumes entgegenzuwirken, kam der Landschaftspflegeverband Mittelfranken nach dem Abzug des Militärs auf die Idee, die robusten und genügsamen Przewalski-Pferde als »Landschaftspfleger« einzusetzen. Das typische Wälzen und Scharren der Vierbeiner sorgt für offene Sandflächen, und das Abknabbern von Gehölz hält den Baumwuchs zurück. Auf diese Weise kann das wertvolle Naturschutzgebiet in seiner Einzigartigkeit erhalten bleiben.

Nach einem kurzen Spaziergang haben wir das ursprüngliche Areal des Geheges erreicht. In einem Schaukasten werden die tierischen Hauptakteure per Steckbrief vorgestellt – allesamt Hengste. Machen wir uns also auf die Suche nach Dimitri, Santos & Co.! Rechts schlängelt sich ein schmaler Pfad einen Hügel, den ehemaligen Kugelfangwall, hinauf. Von dort oben kann man nicht nur einen großen Teil des Pferde-Areals überblicken, bei schönem Wetter hat man sogar Sicht bis zur Nürnberger Burg. Wir vermuten die Objekte unserer Begierde allerdings abseits vom Touristentrubel und machen uns auf den Weg, das Gehege auf dem schmalen Pfad am Zaun entlang zu umrunden. Dieser Weg ist nichts für Kinderwagen oder Radanhänger, die aber linksseitig die breite Route nutzen können.

Wo steckt Dimitri?

Immer tiefer geht es in den Wald hinein. Regelmäßig halten wir an, lauschen den Geräuschen und versuchen, in den Büschen verdächtige Gestalten zu enttarnen. War das nicht gerade leises Hufgetrappel? Bewegt sich da vielleicht etwas hinter dem Baum? Die Spannung steigt mit jeder Minute. Werden wir die Urwildpferde heute zu Gesicht bekommen?

Dann endlich erspähen wir zwischen dem Gehölz das hellbraune Fell und die auffällige dunkle Stehmähne unseres ersten Wildpferdes. Friedlich grast es mit einem Artgenossen auf einer Lichtung und lässt sich auch von unserem aufgeregten Geflüster am Zaun nicht aus der Ruhe bringen. Klein und stämmig wirken die urzeitlichen Tiere, ein bisschen wie eine Zebra-Esel-Pony-Mischung. Wenige Schritte weiter entdecken wir das dritte Mitglied dieses Pferdetrios, das – wie wir später erfahren – in der elfköpfigen Herde eine separate Gruppe bildet.

Kurzzeitig geht es auf einem breiten Waldweg weiter, dann tauchen wir erneut ins Dickicht ab. Und siehe da, den Blick frei auf die spärlich bewachsene Steppenfläche, treffen wir auf die restlichen acht Mitglieder der munteren Pferdeschar. Zu unserer Überraschung setzt sich der Leithengst gemächlich in Bewegung und steuert – die Herde im Schlepptau – geradewegs auf uns zu. Wer hätte gedacht, dass wir den seltenen Vierbeinern heute so nahe kommen?

Kasachstan wartet

Wir haben doppelt Glück und begegnen der Gebietsbetreuerin des Landschaftspflegeverbands, die bereitwillig unsere zahlreichen Fragen beantwortet. Sie ist u. a. für die Betreuung der Wildpferde verantwortlich. Zwar sollen die Tiere in Tennenlohe weitgehend sich selbst überlassen und ohne direkten menschlichen Kontakt bleiben, doch bei Verletzungen, die in einer Hengstgruppe nie ausbleiben, und in extrem schneereichen Wintern kann eine Versorgung angebracht sein.

Neben ihrem Dasein als »Landschaftspfleger« werden die prächtigen Hengste, die im Tiergarten Nürnberg bzw. im Tierpark München geboren wurden, nämlich hier auch auf die Lebensbedingungen in der kasachischen Steppe vorbereitet. Ein 7500 Quadratkilometer großer Nationalpark schafft dort die Voraussetzungen, um die Urwildpferde wieder in ihrer ursprünglichen Heimat anzusiedeln.

Tief beeindruckt machen wir uns auf den Rückweg und folgen nun wieder der Fährte der *Heuschrecke*. Das Pferdegehege im Rücken, geht die Route diesmal quer durch den Wald über Stock und Stein. Wir treffen wieder auf den eingangs erwähnten breiten Weg, biegen hier nach links und bei nächster Gelegenheit nach rechts ab und landen geradewegs an unserem Ausgangspunkt.

Natürlich sind wir sehr gespannt, ob Dimitri bei unserem nächsten Besuch noch in Franken weilt oder bereits durch die Wildnis Kasachstans galoppiert.

Sylvia Schaub

5 Prometheus und Pfefferminz

Gemütlicher Spaziergang durch Erlangens grüne Oasen mit drei Entdeckungsstationen.

Skulpturengarten am Burgberg, Aufgang vom Parkplatz »An den Kellern«, 91054 Erlangen, ganzjährig zugänglich mit Ausnahme der Bergkirchweih. Eintritt frei. Infos unter www.erlangen.de, unter > Kultur > Ausstellungen > Dauerausstellungen > Heinrich-Kirchner-Skulpturengarten.
Wasserspielplatz an der Bleiche, nördlich der Kopfklinik zwischen Schwabachgrund und Papellierweg. Infos über Spielplatzbüro, Tel. 0 91 31/86 26 73.
Aromagarten, Palmsanlage, 91054 Erlangen, Tel. 0 91 31/85-2 26 69, Apr–Okt 7.00–19.00. Eintritt frei. Dauer Rundgang ca. 1 Std. Gelegentliche Führungen sind eher für ältere Kinder und Erwachsene geeignet.

Aufgrund von Witterung und Öffnungszeit des Aromagartens vorzugsweise Apr–Okt. Nur die Zeit während der Bergkirchweih sollte man meiden, weil der Skulpturengarten geschlossen ist und die Parkmöglichkeiten knapp sind.

Jeweils 2–5 Min. Gehzeit zwischen den Stationen, dort je nach Alter und Interesse der Kinder etwa 1 Std. Aufenthalt einplanen.

Für Familien mit Kindern von 0–12, kinderwagengeeignete Wege mit minimaler Steigung am Burgberg.

ÖPNV: Mit der Bahn bis Erlangen, dann Bus 288 bis Haltestelle Essenbacher Brücke. Rückfahrt mit dem Bus ab Haltestelle Schwabachanlage bis Hbf. Die Umwelt- und Unistadt Erlangen eignet sich auch für Abstecher mit dem Rad. *Kfz:* A 73, Ausfahrt Erlangen Nord, Ri. Kliniken/Waldkrankenhaus. Parken: Rathsberger Str., Parkplatz »An den Kellern«.

Wer nach dem Besuch im Aromagarten Lust auf weitere 4000 interessante Pflanzen von arktischer Tundra bis Tro-

pensumpf bekommen hat, sollte sich den Botanischen Garten beim Schloss ansehen.
Infos unter www.botanischer-garten.uni-erlangen.de

Biergarten Entla's Keller, An den Kellern 5-7, 91054 Erlangen, Tel. 0 91 31/2 21 00, bei schönem Wetter Frühjahr–Sep 11.00–23.00, www.entlas-keller.de
Osteria La vita è bella, An den Kellern 30, 91054 Erlangen, Tel. 0 91 31/2 34 42, tägl. 11.30–14.30, 17.30–23.30, www.osteria-lavita-ebella.de

Nach den Sternen greifen

In der Universitäts- und Forschungsstadt Erlangen gibt es auf kurzen Wegen viel Natur zu entdecken. Ganz zentrumsnah bietet die Stadt etliche grüne Oasen, die einen Familientrip lohnen. Bei schönem Wetter, ab dem Frühjahr bis in den Herbst hinein, lässt sich dieser halbtägige Spaziergang für alle Sinne besonders genießen.

Als Start- und Parkmöglichkeit für den Ausflug bietet sich der Parkplatz »An den Kellern« (Auffahrt Rathsberger Straße) am Fuße des Erlanger Burgbergs an. Um Pfingsten herum findet dort vor den historischen Bierkellern die Erlanger Bergkirchweih statt, eines der beliebtesten Volksfeste Frankens.

Zunächst verschaffen wir uns vom Burgberg aus einen Überblick über Erlangen. Ein beschilderter Aufgang führt vom Parkplatz den Burgberg hinauf zum Skulpturengarten. Auf einer parkähnlichen Anhöhe mit kinderwagengeeigneten Pfaden und Ruhebänken warten 17 übergroße, freundliche Wesen des Künstlers Heinrich Kirchner (1902–1984) auf ihre Entdeckung. Gut gelaunt winkend oder mit weit geöffneten Armen begrüßen *Der Verkünder, Prometheus* und *Der Mann im Boot* ihre Gäste. Die Outdoor-Sammlung wird laufend mit kleineren Plastiken und Studien aus dem Nachlass des in Erlangen geborenen Bildhauers ergänzt. Geht man von der Skulpturen-Wiese wenige Schritte weiter nach oben, bietet das Aussichtsplateau einen perfekten Ausblick über die Erlanger Innenstadt. Wohnhäuser, Kirchen und das Schloss erzählen aus der Vergangenheit als kleine Ackerbürger- und spätere Markgrafen- und Hugenottenstadt. Gleich daneben berichten moderne Verwaltungsbauten und Hochhäuser von der Gegenwart als Siemens-, Medizin- und Forschungsstandort.

100 verschiedene Düfte durchziehen den Aromagarten zur Blütezeit

Im flüssigen Element

Den Burgberg läuft man nun wieder stadteinwärts hinunter bis zum Parkplatz. Dann überquert man am *Restaurant Bärengarten* die Ampel und folgt geradeaus dem Papellierweg über die Wiese bis zum Waldrand. Dort etwas links halten bis zum Wasserspielplatz am Schwabachgrund.

Einen idealen Ort zur spielerischen Abkühlung findet man hier an der Bleiche gleich nördlich der Kopfklinik. Vor den Schatten spendenden hohen Bäumen der Schwabachanlage wurde ein Spielidyll geschaffen. Fantasievolle Wasserspiele mit Wasserrad und Wasserschnecke, mit Holzschiffschaukel, Holzhütte und Holzhäusern, mit Rutsche, Brücke und Holzsteg, Sandkiste und Tischtennisplatten werden von flachem, sauberem Quellwasser eines Nebenarms der Schwabach umflossen. Sie laden Kinder zum Planschen, Experimentieren, Klettern und Balancieren ein.

Der Rest der Familie findet ein lauschiges Plätzchen für eine Brotzeit entweder am Ufer des Wasserlaufs oder auf einer der schattigen Bänke rundherum.

Für neugierige Schnuppernasen

Oberhalb des Spielplatzes folgt man anschließend dem Fußweg nach links. Nur fünf Minuten weiter östlich, immer entlang der Schwabach, erreicht man die Palmsanlage. Gegenüber der Straße, von der markanten überdimensionalen roten Pinnadel aus etwas nach rechts versetzt, liegt der Eingang zum Aromagarten. Am besten unterquert man dazu zu Fuß die Straße an der Brücke.

Mit dem Aromagarten haben Erlanger Bürger, gemeinsam mit der Universität und unterstützt durch pharmazeutische Unternehmen, in den 80er-Jahren ein besonders wohlriechendes Kleinod im ehemaligen Gemüsegarten des Bezirkskrankenhauses geschaffen – das erste seiner Art weltweit. Dort erschnuppern Sie auf knapp einem Hektar 100 Aromapflanzen, die in einem spannenden Ökosystem an idealen Standorten wachsen. Ihre Wirkstoffe, vor allem ihre ätherischen Öle, werden genutzt als Arznei, Gewürz oder zur Schönheitspflege. Sie haben große Bedeutung als überlieferte Heilmittel oder eröffnen der Naturheilkunde und Pharmazie in Gegenwart und Zukunft neue medizinische Möglichkeiten.

Ob Thymian, Lavendel oder Minze, einheimische Kräuter lassen sich hier ebenso entdecken wie exotische Gewächse. Die Beschriftungen wurden gerade erst erneuert und helfen beispielsweise, das

Begegnung mit dem ***Mann im Boot*** im Erlanger Skulpturengarten

»Schmeckablattla« zu identifizieren. Vorsichtig ein paar Blättchen abzupfen ist im Aromagarten durchaus erlaubt: Die offiziell Balsamkraut oder Marienblatt genannte Heilpflanze mit den weißen Blüten riecht – und schmeckt – ganz eindeutig frisch nach Kaugummi und hatte darum schon früher einen festen Platz in fränkischen Gebetbüchern.

Die schönste Jahreszeit für einen Besuch im Aromagarten ist der Frühsommer, wenn eine riesige Fülle an Blüten und Düften Auge und Nase berauscht. Aber auch im Frühjahr und Herbst bietet sich den Besuchern eine wandlungsvolle Pflanzenpracht.

Genug gesehen und gerochen? Dann nehmen Sie den Fußweg zurück über die Schwabach und folgen dazu den Schildern *Burgberg/ Bleiche*. So kommen Sie ganz einfach wieder zum Ausgangspunkt.

Bettina Sandmann

Schon gewusst?
Obwohl er so markant über der Stadt thront, hat der Erlanger Burgberg wohl nie eine Burg beherbergt. Der von weit her sichtbare, trutzig wirkende Turm ist ein Wasserturm aus dem Jahre 1905. Aber der Berg ist in anderer Hinsicht historisch interessant: Schon seit dem 17. Jahrhundert hatte man zahlreiche Gänge in den Felsen getrieben. In diesen 16 Felsenkellern mit insgesamt 21 Kilometer Länge konnte das im Winter gebraute Bier ganzjährig frischgehalten und von dort aus exportiert werden. Dadurch stieg Erlangen im 19. Jahrhundert zu einer der bedeutendsten Bierstädte Deutschlands auf. Mit der Erfindung der Kältemaschine endete diese ruhmreiche Zeit nach ein paar Jahrzehnten. Heute werden einige Keller während der berühmten Erlanger Bergkirchweih zum Ausschank genutzt und können ansonsten im Rahmen von Führungen besichtigt werden (z. B. vom *Entla's Keller* aus, Apr–Sep, So 11.00, s. Einkehrtipps).

Hinter den sieben Bergen ... 6

Halbtages- oder Tagesausflug zum Rodeln und Langlaufen ins beschauliche »Bergdorf« Lichtenegg. Für den Einkehrschwung empfiehlt sich das traditionsbewusste Dorfgasthaus mit fränkisch-oberpfälzischer Küche.

Alter Schloss-Wirt, Lichtenegg 5, 92262 Birgland, Tel. 0 96 63/ 26 16, Fam. Raum, www.raum-lichtenegg.de, Di–So ganztägig geöffnet, Mo Ruhetag (Ausnahme Fei, ggf. tel. erfragen). Infos auch unter www.lichtenegg.info

Nicht nur im Winter, sondern auch im restlichen Jahr sehr attraktiv.

Bei entsprechenden Schneeverhältnissen sind die *Burgberg-Panorama-Loipe* (4 km) und die *Wintermärchen-Zauberwald-Loipe* (6 km) immer gespurt. Ein kostenloser Loipenplan ist in der Gaststätte erhältlich. Die Rodelbahn und der angrenzende Ziehweg bieten Abfahrtsspaß auf ca. 200 m bzw. 350 m Länge.

Für Schlittenfans jedes Alters geeignet. Langläufer sollten keine absoluten Anfänger sein, denn die Loipen verlangen stellenweise etwas Erfahrung.

ÖPNV: Mit der Bahn bis Hartmannshof, von dort zu Fuß hinauf nach Lichtenegg (Blaupunktweg über Guntersrieth 4 km oder Rotkreuzweg über Haunritz 4,5 km). Mai–Okt: Freizeitlinie 479 des VGN *(Birgland-Express)* ab Bahnhof Hartmannshof. *Kfz:* A 6, Ausfahrt Sulzbach-Rosenberg, über Fürnried nach Lichtenegg; oder B 14 bis Hartmannshof, dann über Högen nach Lichtenegg.

Trekking mit Lamas und Alpakas (auch im Winter!) im 3 km von Lichtenegg entfernten Haunritz, Tel. 0 91 54/ 94 65 46, www.lamatrekking-hersbruckeralb.de
Naturführungen (z. B. Bäume, Blumen, Orchideen oder Pilze) rund um Lichtenegg mit dem Wald-Pauli, Tel. 0 15 78/ 5 76 03 41, www.naturführung.de

Wochenend-Stress ade

Gehören Sie und Ihre Familie auch zu den Menschen, die auf anstrengende Wochenendtrips in die Alpen verzichten können? Die lieber den heimischen Winter auf sanfte Art genießen, ohne Anstehen am Lift und überfüllte Hütten? Die mit den Kindern gerne auf dem Schlitten ins Tal sausen, aber auch nichts dagegen haben, beim Langlaufen selbst auf ihre Kosten zu kommen? Dann sind Sie in Lichtenegg richtig, denn das charmante Dorf – 300 Meter hinter Mittelfrankens Grenze in der Oberpfalz gelegen – verbindet alles, was die Familie braucht: einen rasanten Schlittenberg, gut gespurte Loipen in herrlicher Landschaft und ein ordentliches Wirtshaus, das Füße und Magen schließlich wieder aufwärmt ...

Ohne Übertreibung kann man Lichtenegg ein Bilderbuchdorf nennen – hoch oben auf der Kuppe thront die Ruine der rund 1000 Jahre alten Burg, drum herum scharen sich ein halbes Dutzend Häuser mit gerade mal 29 Einwohnern. Der Rundumblick von der ehemaligen Trutzburg (ein bequemer Treppenweg beginnt im Garten des Gasthofs) ist grandios, über die nahegelegenen Gipfel von Ossinger, Zantberg und der Houbirg geht der Blick weit ins Land, an klaren Tagen bis hin zum Fichtelgebirge und Bayerischen Wald.

Mittelpunkt des Dorfes ist das grundsolide Gasthaus der Familie Raum, der *Alte Schloss-Wirt*. Dem rührigen Inhaber ist es zu verdanken, dass sich die vielen Schönheiten der Gegend so leicht erschließen lassen. Er sorgt im Winter mit einem auf eigene Kosten angeschafften Spurgerät für den perfekten Zustand der Loipen, kümmert sich um freie Fahrt auf dem Rodelberg und wird nicht müde, zusammen mit den *Freunden Lichteneggs*, einem Zusammenschluss Gleichgesinnter, die Vorzüge der Gegend auch für Wanderfreunde bekannt zu machen.

Ein großer Hang für die Kleinen

Da Lichtenegg auf 578 Metern Höhe liegt, ist oft noch Schneesicherheit gegeben, wenn es im Tal längst taut. Um den Schnee in vollen Zügen genießen zu können, reist man als Familie am besten mit Freunden an – bei wechselseitiger Kinderbeaufsichtigung am Schlittenberg haben dann alle Erwachsenen in der Loipe ihren Spaß. In Lichtenegg angekommen, parkt man auf der Ortsverbindungsstraße am Rand des Dorfes. Dort befindet sich neben der Bushaltestelle und einer kleinen Scheune mit Infotafel die wichtigste Einstiegsmöglich-

Lichtenegg – ein Wintermärchen

keit in die Loipen. Doch zunächst zur Hauptattraktion für die Kinder, dem langen Rodelhang. Er liegt, wenn man zum Wirtshaus hinaufschaut, rechter Hand etwas unterhalb des Dorfes. Über den Weg, der rechts von der Dorfstraße abzweigt, gelangt man zum oberen Ende des Hangs. Das ist schön, weil man gleich aufsitzen und hinunterbrausen kann. »Der Schlittenberg ist prima«, urteilt unser Sohn, »da ist viel Platz, und wenn man mag, kann man auch auf dem langen Weg außen herum fahren. Und manchmal gibt es kleine Schanzen, die machen ein tolles Gefühl im Bauch.«

Wer beim Langlaufen die Kinder auf dem Rückweg wieder am Rodelhang einsammeln möchte, nimmt zum Einstieg am besten die vier Kilometer lange *Burgberg-Panorama-Loipe*. Diese führt nämlich gegen Ende in einem langen Bogen an der Rodelbahn entlang. Beginn ist an der kleinen Scheune, von wo aus es zunächst an den Äckern vorbei in den Wald und ein wenig steil bergauf geht. Kurze Zeit später zweigen wir mit der *Burgberg-Loipe* nach rechts ab (die andere Loipe führt geradeaus weiter), und nun geht es in einer großen Runde um den Lichtenegger Burgberg, mal durch den tiefgrünen Fichtenwald, dann wieder durch offene Hügellandschaften. Wir genießen die herrlichen Ausblicke von der Hochebene, werden von gelegentlichen Aufstiegen gefordert und erfreuen uns schließlich an der langen Abfahrt ins einsame Högental. Am Schluss geht es auf dem besagten Weg hinauf nach Lichtenegg – das kostet schon etwas Mühe, doch schließlich will die Einkehr verdient sein ...

Der Laufrausch kommt bei Wurmrausch ...

In der *Wintermärchen-Zauberwald-Loipe* sind die sportlich Ambitionierten richtig – immerhin knapp sechs Kilometer führt sie südlich von Lichtenegg in einem großen Rundkurs über mehrere Dörfer. Sie beginnt ebenfalls an der kleinen Scheune und verläuft zunächst identisch mit der *Burgberg-Loipe.* Ein Stück nachdem diese abgezweigt ist, folgt als erste Herausforderung für weniger versierte Läufer eine relativ steil abfallende Linkskurve. Hier heißt es aufpassen: Gleich nach der Kurve führt die Loipe nach links bergauf weiter (und nicht, wie man meinen könnte, geradeaus bergab). Nun geht es für längere Zeit sachte bergauf – durch eine traumhafte Winterlandschaft, die alle Anstrengungen vergessen lässt. Es folgt eine lange, gemütliche Abfahrt zu einem Dorf mit dem spaßigen Namen Wurmrausch. Etwas holprig kann es stellenweise beim nächsten Wegabschnitt über Äcker und Wiesen werden, bis es bei einem Waldstück vor der Ortschaft Kutschendorf abschnallen heißt – die sehr steile, bucklige Waldpiste ist selbst für Profis kaum befahrbar. Schließlich geht es am Weiler Tannlohe vorbei wieder zurück nach Lichtenegg – jetzt zwar überwiegend bergauf, aber dank der wunderbaren Landschaft dennoch mit großem Vergnügen.

Nun hat man sich endgültig die Einkehr beim *Alten Schloss-Wirt* unterhalb der Burg verdient. Hier wird völlig ungekünstelt und noch dazu preiswert den Grundlagen der fränkisch-oberpfälzischen Küche gehuldigt: Schäufele und Hax'n, Gans, Karpfen und Forelle, Schlachtplatte und Bauernbrotzeit. Natürlich gibt es auch hausgebackene Kuchen und – wie das Backhaus im Garten schon vermuten lässt – jede Woche selbstgebackenes Bauernbrot.

Mit einem derart gut gefüllten Magen lässt sich überlegen, was beim nächsten Lichtenegg-Besuch auf der Tagesordnung steht. Schneeschuhwandern beispielsweise, denn von den umliegenden Ortschaften Guntersrieth, Högen (jeweils mit Blaupunkt markiert), Haunritz (Rotkreuz) und Wüllersdorf (Grünpunkt) führen Wanderwege sternförmig nach Lichtenegg hinauf. Sie sind zwischen 1,5 und 2,5 Kilometer lang, verlaufen zum Teil parallel zu den Loipen und werden bei Bedarf von Hans Raum leicht gewalzt, sodass man auch ohne Schneeschuhe hier vorwärts kommen kann.

Und auch der Sommer hat seine Reize: *Alle Wege führen nach Lichtenegg* heißt die von den *Freunden Lichteneggs* herausgegebene Wanderkarte, die man im Gasthaus erwerben kann. Die überwiegend kurzen Rundwanderwege sind höchst familientauglich und haben für jeden etwas zu bieten: Orchideen, Kletterfelsen oder der reiche Sagenschatz der Gegend sind auf alle Fälle ein passender Hintergrund für einen entspannten Familienausflug.

Barbara Neukam

Winterfreuden nahe der Oberpfalz – wer vermisst hier die Alpen ...?

7 Die Affen rasen durch den Wald

Klettern, schaukeln und durch den Wald fliegen wie die Affen – im Kletterpark Pottenstein. 9 Parcours mit unterschiedlichen Längen, Höhen und Elementen.

Kletterwald Pottenstein, Weidenloh, 91278 Pottenstein, Tel. 01 74/2 43 41 67, www.kletterwald-pottenstein.de, Mitte Mai–Mitte Sep tägl. 10.00–19.00, März/Apr und Okt/Nov bitte tel. erfragen. Eintritt: Kinder (4–8 Jahre) 10,50 € und (9–11 Jahre) 13 €, Jugendl. sowie ermäßigt 14,50 €, Erwachsene 17 €, Familienrabatt möglich.

Apr–Okt (Ende März/Anfang Nov auf Anfrage).

2 Std.

Schon ab 4 Jahre (in Begleitung eines Erwachsenen) ein affenartiges Vergnügen. Je nach Alter stehen unterschiedliche Parcours mit verschiedenen Schwierigkeitsstufen zur Verfügung.

ÖPNV: Mit der Bahn bis Pegnitz, Buslinien 389/393 bis Pottenstein/Abzw. Weidenloh. *Kfz:* A 9, Ausfahrt Pegnitz, B 470 Richtung Pottenstein bis Schüttersmühle, St 2663/St 2163 bis Weidenloh, Parkplätze vorhanden.

Sitzgarnituren im Kletterpark vorhanden, der Kiosk bietet Snacks und Getränke an. Kleidung: Jeans und feste Schuhe, kein Schmuck, kein Handy etc., die Taille muss mit Kleidung bedeckt sein. Gurte und Handschuhe stehen zur Verfügung, es können aber auch eigene Arbeits- oder Fahrradhandschuhe mitgebracht werden.

Affen an die Gurte

Klettern, hangeln und durch die Lüfte fliegen wie ein Affe. Welches Kind träumt nicht davon? Und dafür müssen wir nicht in die Ferne schweifen. Tief in der Fränkischen Schweiz, nahe bei Pottenstein,

PETZL

schlüpfen wir heute selbst in die Rolle der Dschungelhelden, die sich wie Tarzan von Liane zu Liane schwingen.

Mitten in einem dichten, grünen Waldstück liegen der Kletterwald und die Parcours, die sich in verschiedenen Höhen über Drahtseile von Baum zu Baum ziehen. Sie sind so perfekt und stimmig eingefügt in das Gehölz, als hätte hier nie etwas anderes hingehört.

Gut, dass wir vom Eingang aus die Höhendimensionen der Kletterstationen noch nicht einschätzen können. Bevor man uns allerdings an die Seile lässt, müssen wir erst einmal ordentlich gesichert werden. Wir steigen mit beiden Beinen in ein Geflecht aus Gurten, die uns ein Betreuer des Parks mit wenigen geübten Handgriffen perfekt um den Körper zieht und festzurrt. Jetzt gibt es kein Zurück mehr. Toilettengänge sind ab nun tabu, denn ohne Hilfe dürfen wir das »Sicherheitspaket« weder an- noch ausziehen. Ein Paar passende Handschuhe suchen wir uns noch aus den Wühlkästen neben der Kasse, dann geht es erwartungsvoll zum Einführungsparcours.

Erst kommt die Pflicht, dann die Kür

Hier erklärt uns ein Trainer ganz genau, was uns im Wald erwartet und wie wir unser Equipment einsetzen müssen. Equipment? Ja, tatsächlich, an unseren zahlreichen Gurten finden wir auch zwei Karabinerhaken und eine Seilrolle, auch Flying Fox genannt. Wir begreifen schnell – Sicherheit hat hier oberste Priorität. So ist es notwendig, sich schon beim Aufsteigen auf die erste Plattform mit den Karabinerhaken an den Schlaufen der Leiter zu sichern. Über den ganzen Parcours bleibt immer mindestens ein Karabiner eingehakt, nie werden beide gleichzeitig umgesetzt. Außerdem müssen die Öffnungen der Haken in entgegengesetzte Richtungen zeigen. Dann heißt es mitzählen, denn pro Plattform sind maximal drei Affen – pardon, Personen – erlaubt, auf den Leitern und den Elementen der Parcours darf sich jeweils nur ein Kletterer befinden.

Bei den Seilbahnen wird zwischen die Karabinerhaken noch die Seilrolle auf das Drahtseil gelegt, und schon schweben wir elegant über dem Boden zur nächsten Plattform. So weit zur Theorie. Um zu sehen, ob jeder für den Ernstfall gewappnet ist, dürfen wir nun an der Einführungsbahn im Schnelldurchlauf unsere Tarzan-Qualitäten unter Beweis stellen. Erst dann werden wir auf die Bäume losgelassen.

Der Übungsparcours: fachmännisches Sichern am Seil

Die Affen sind los

Den ersten Test bestehen wir mit Bravour. Nun heißt es zu entscheiden, auf welcher der angebotenen Kletterrouten wir unseren Mut und unser Können unter Beweis stellen wollen. Allerdings sollte jeder anfangs einen niedrigen Parcours bewältigt haben, bevor er sich zu Höherem aufschwingt.

Die Stationen sind nach Affengattungen benannt und bieten Nervenkitzel auf zwei bis zwölf Metern Höhe. Elf bis über 20 Elemente gilt es pro Parcours zu bezwingen, insgesamt hat man zwei Stunden Zeit, seinem Klettertrieb nachzugehen.

Die beiden Bahnen für die jüngsten Teilnehmer schlagen ein bisschen aus der (Affen-)Art. *Koala-* oder *Panda-Parcours* heißt hier die Qual der Wahl, wir beginnen mit unseren Fünfjährigen auf der *Koala-Strecke*. Die Elemente hier sind maximal 1,50 Meter hoch, was das Abenteuer überschaubar hält, den Spaß aber nicht im Geringsten mindert. Das erste Element bietet einen beruhigenden Einstand. Karabiner an das Seil gehakt, und schon laufen wir über eine Brücke aus flachen Brettern, die uns in Zickzackformation zur nächsten Plattform führt. Dann folgt ein Drahtseilakt. Während wir Schritt für Schritt vorsichtig vorwärtsbalancieren, finden unsere Hände an den seitlich herunterbaumelnden Seilen nur unzureichend Halt.

Geschafft! Jetzt dürfen wir uns an die Seilbahn hängen, und leicht wie ein Vogel gleiten wir mit einem leisen Surren bis zum nächsten Baum.

Höher, schneller, weiter

Einige Meter über unseren Köpfen ist ein riesiges, blaues Netz hochkant zwischen zwei Baumstämme gespannt. Ein Kletterer hängt seitlich daran und tastet sich wagemutig auf die andere Seite. Allein das Zuschauen lässt den Puls höherschlagen. Wir konzentrieren uns jedoch auf die vor uns liegende Hängebrücke aus Holzbohlen und schwingen uns im Anschluss wieder ein Stück per Seilbahn durch die Lüfte. Verschiedenartige, wackelige Balken, mal quer, mal längs angebracht, Flugteller, Kletterwand und Kletternetze warten noch als weitere Herausforderungen auf uns.

Nachdem wir wieder festen Boden unter den Füßen haben, gönnen wir uns eine kleine Stärkung. Lange hält es uns allerdings nicht auf den Bänken, der Ruf des Panda lockt uns wieder an die Seile. Hier bieten uns nicht nur diverse Seilbahnen ein spannendes Affen-Feeling. Ein freischwebender Hängetunnel will durchkrochen und eine anspruchsvolle Kletterwand muss erklommen werden. Wir kämpfen uns durch widerspenstige Hängenetze und bändigen zahlreiche ideenvolle Wackelelemente. Dazwischen fliegen unsere Blicke immer wieder von rechts nach links, und wir beobachten fasziniert, wie Teilnehmer in schwindelerregenden Höhen nur auf einem Holzbalken sitzend durch die Baumreihen schwirren oder über meterlange, frei schwebende Netze krabbeln. Bobby-Cars rauschen an unseren Ohren vorbei, und unbekannte Flugobjekte zischen über unsere Köpfe hinweg. Keine Frage, hier kommt jeder noch so Wagemutige auf seine Kosten.

Viel zu schnell sind die zwei Stunden vorbei, und wir lassen uns wieder fachmännisch aus den Gurten helfen. Wir sind uns ziemlich sicher, dass wir beim nächsten Mal ein Schimpanse sein wollen – oder wenigstens ein Pavian.

Sylvia Schaub

Die Neandertaler lassen grüßen 8

Erlebnisreicher Wanderweg durch den Wald mit spannenden Höhlenbesichtigungen.

Markt Wiesenttal, Forchheimer Str. 8, 91346 Wiesenttal, Tel. 0 91 96/92 99 31, www.wiesenttal.de. Start der Wanderung ist am Marktplatz Muggendorf.

Apr–Okt.

5 km, ca. 2–4 Std.

Ab ca. 5 Jahre. Die Kinder sollten bereits längere Strecken wandern können. Nicht mit Kinderwagen befahrbar.

ÖPNV: Mit der Bahn bis Pegnitz, Buslinie 389 nach Muggendorf. Ende Apr–Okt So, Fei auch mit der Museumsbahn ab Ebermannstadt möglich (über Forchheim), www.dfs.ebermannstadt.de. *Kfz:* A 9, Ausfahrt Pegnitz, B 470 Richtung Pottenstein bis Muggendorf; oder A 73, Ausfahrt Forchheim-Süd, B 470 Richtung Ebermannstadt bis Muggendorf. Parkplätze direkt am Ortseingang, einige wenige am Marktbrunnen oder den Dooser Berg hinauf bis zum Wanderparkplatz.

Getränke und Brotzeit einpacken, Rastmöglichkeiten vorhanden. Wetterfeste Kleidung und festes Schuhwerk anziehen. (Kopf-)Taschenlampe mitnehmen!

Goldner Stern, Marktplatz 6, 91346 Muggendorf, Tel. 0 91 96/92 980, www.goldner-stern.de

Faszination Höhle

Von jeher haben Höhlen auf den Menschen eine besondere Anziehungskraft ausgeübt. Dienten sie zu Zeiten der Neandertaler eher dazu, sich vor Wetter und Raubtieren zu schützen, so wecken Höhlen heute vor allem den Forschergeist und Nervenkitzel. Besonders auf Kinder üben Höhlen eine außergewöhnliche Faszination aus.

Etwa 1000 kleine und größere Höhlen existieren allein in der Fränkischen Schweiz, einige davon, wie die Bing- oder die Teufelshöhle, sind allgemein bekannt und können unter fachkundiger Führung kostenpflichtig besichtigt werden.

Aber wer kennt schon die vielen kleineren und durchaus sehenswerten Höhlen, die frei zugänglich sind und über herrliche Wanderstrecken erkundet werden können?

Flucht in die Oswaldhöhle

Unser Höhlenwanderweg startet am Marktbrunnen, mitten in Muggendorf. Wir passieren die Laurentius-Kirche und marschieren über den Lindenberg den Dooser Berg hinauf. Direkt hinter dem Wanderparkplatz, auf Höhe einer Haarnadelkurve, führt uns der Weg nach rechts in den Wald hinein. Den Markierungen *braunes Kreuz* und *roter Senkrechtstrich* folgend, geht es nun ziemlich steil über Treppen den Felsensteig hinauf. Die Mühe hat sich gelohnt! Oben genießen wir von einem Felsen aus einen atemberaubenden Blick über das Wiesenttal.

Wir orientieren uns am Wegweiser *roter Senkrechtstrich* und haben schon bald die erste Höhle erreicht. Die Oswaldhöhle ist eine Durchgangshöhle und an ihrer niedrigsten Stelle – Vorsicht, Kopf einziehen! – nur 1,50 Meter hoch. Die ersten Höhlenforscher Esper, Goldfuß und Rosenmüller wurden am Eingangsportal mit einer Gedenktafel bedacht. Im Dreißigjährigen Krieg flüchteten die Bewohner Muggendorfs mit Mann und Maus hierher. Ein Teil der Mauer, die damals zum Schutz gebaut wurde, ist heute noch zu sehen.

Die zwei »W«-Höhlen

Kaum am anderen Ende aus der Oswaldhöhle herausgetreten, stoßen wir 20 Meter weiter links auf die Wundershöhle. Der Höhleninspektor Johann Georg Wunder entdeckte die Höhle 1772, als er unter dem Felsdach am Eingang vor einem Gewitter Schutz suchte. In der Vorhalle fällt uns links das kleine, enge Eingangsloch auf, durch das man auf allen vieren in das Innere der Höhle kriechen muss. Da wird uns dann doch ein bisschen mulmig zumute, zumal es am Ende des Ganges ziemlich tief nach unten geht. Wir lassen uns aber von anderen »Höhlenforschern« berichten, dass sich etwa drei Meter tiefer ein rechteckiger Raum mit einem anschließenden langgezogenen Höhlenbereich befindet, dessen Wände und Decken zahlreiche Kolke und Spalten aufweisen.

Die Witzenhöhle: junge Höhlenforscher auf Entdeckungstour

Rechts neben der Wundershöhle führt eine Steintreppe nach oben. Statt links dem Wanderweg zu folgen, biegen wir oben nach rechts ab und klettern einen steilen Pfad hinunter, der uns zum Eingang der Witzenhöhle führt.

Die Eingangshalle der insgesamt etwa 90 Meter langen Höhle wirkt mit ihrer Höhe von bis zu sechs Metern sehr imposant. Im Inneren kommen dann endlich auch unsere Taschenlampen zum Einsatz, da sich mit ein bisschen Kletteraufwand auch zwei weitere Hohlräume erkunden lassen. Aber aufpassen, der Boden ist feucht und glatt! Wir bekommen Tropfsteine und Sinter zu sehen, und in der hinteren Grotte fällt unser Blick auf einen großen, rechteckigen Stein – den sogenannten *Altar*. Hier sollen einst unzählige Menschen dem wendischen Rachegott Witt geopfert worden sein. Und nach dieser legendären Gottheit erhielt die Witzenhöhle schließlich ihren Namen.

Kerzenscheinromantik in der Rosenmüllerhöhle

Wir klettern den steilen Berg wieder hinauf und gönnen uns, ein paar Meter dem Wanderweg gefolgt, eine kurze Rast auf einer Bank mit fantastischer Talsicht. Dann geht es die Stufen wieder hinunter und durch die Oswaldhöhle zurück. Wir orientieren uns hier erneut am Höhenweg *roter Senkrechtstrich*, kreuzen zweimal die Straße und gelangen über die Aussichtspunkte *Pavillon* und *Koppenburg* zur sicher zauberhaftesten der vier Höhlen – zur Rosenmüllerhöhle. Dieser Eindruck wird vor allem durch die zahlreichen Kerzen im Eingangsbereich und an den Geländern hervorgerufen. 1790 wurde diese Höhle entdeckt und nach dem Leipziger Anatomieprofessor Johann Christian Rosenmüller benannt, der die Höhle 1793 als einer der Ersten erforschte. Der ursprüngliche Zugang in Form einer schmalen Spalte befindet sich rund 13 Meter über dem Höhlengrund, der nur durch mühevolles Abseilen erreicht werden konnte. 1836 erschuf man einen noch heute zugänglichen künstlichen Eingangsstollen und begann mit einem Schauhöhlenbetrieb, der jedoch 24 Jahre später wieder eingestellt wurde. Die freie Zugänglichkeit zur Höhle öffnete Dieben Tür und Tor, daher kann man die einstige Schönheit der Rosenmüllerhöhle heute nur noch an Resten von Sinterschmuck und einigen eindrucksvollen Tropfsteinen erahnen. Beeindruckt von unseren Höhlenerkundungen marschieren wir jetzt nur noch kerzengerade den Berg hinunter, der uns wieder direkt nach Muggendorf führt.

Sylvia Schaub

Auf jeden Fall magisch 9

Sie haben die Wahl: Zum Druidenhain bei Wohlmannsgesees gelangt man nach 2 km Wandern von Kanndorf aus oder nach 17 km ab Ebermannstadt, inkl. Besichtigung der Burgruine Neideck. Wer's kurz mag, parkt direkt vor Ort und stöbert nur im Wald herum.

www.naturerlebnis-fs.de/fraenkische_schweiz_ausflug/11_druidenhain.html, info@wiesenttal.de

Da man länger am Ort bleibt, um ihn zu erforschen, sollte es warm sein.

Als Tagestour oder Kurzaufenthalt möglich.

Interessant für alle Kinder, die laufen können, und besonders für solche, die gerne klettern. Auch Jugendliche haben hier noch ihren Spaß.

ÖPNV: Mit der Bahn nach Ebermannstadt, von dort mit dem Bus nach Kanndorf, fährt jede Stunde. *Kfz:* Ins Wiesenttal bis nach Ebermannstadt, am Ortsende rechts abbiegen Richtung Kanndorf. Bei Trainmeusel abbiegen nach Wohlmannsgesees. Wer direkt anfahren will, findet einen Wanderparkplatz gleich hinter Wohlmannsgesees in Richtung Windischgaillenreuth. Von dort über die Straße in den Waldweg gegenüber. 150 m bis zur Infotafel *Druidenhain.*

Ein idealer Picknickort und *der* Geheimtipp für Aktiv-Geburtstage.

Natur, Geschichte und Magie – eine ideale Mischung

Ein ca. 200 mal 250 Meter großes Areal in einem Buchen- und Fichtenwald mit über 300 moosbewachsenen Steinen – und das soll interessant sein?

Allemal, und zwar nicht nur für Kinder, auch für die Erwachsenen. Für beide ist zunächst die Landschaft reizvoll: Wie sich da plötzlich mitten im Wald bis zu sechs Meter hohe Felsen erheben, von Wurzeln umschlungen, von Moos bedeckt, mit geheimnisvollen Löchern und Becken, teils angeordnet wie ein Labyrinth, teils in monolithischer Pracht, das hat etwas eindeutig Feenhaftes. Der Ort besitzt eine besondere Atmosphäre, die man auch dann genießen kann, wenn man sich nicht dem Glauben anschließen mag, einen keltischen Kultort vor sich zu haben. Uns zieht es dort regelmäßig hin. Und wen immer wir einmal mitnehmen, kommt wieder.

Wissenschaftliche Untersuchungen der Universität Erlangen haben bislang keinen Hinweis darauf gefunden, dass hier einmal Menschen zugange waren, um diese Felsen zu rücken oder anzuordnen. Oder dass sie irgendwelche auffindbaren Opferreste hinterlassen hätten. Die Vertreter der Kultplatzthese stört das nicht, zu einzigartig ist die Aura des Ortes.

Wir treffen hier manchmal ganz untypische Wanderer in großstädtischer, schwarzer Gothic-Kleidung mit blassen Gesichtern, haben aber auch schon gestandene Landfrauen der Umgebung sich ihr »heilendes Wasser« holen sehen. Aber keine Sorge, alle Besucher sind gutartig, die Zeiten, da die Nazis an diesem Ort im Zuge ihrer Germanenforschung experimentierten, um Hitler die Magie der Heilsteine zuzuleiten, sind vorbei.

Alle markanten Felsen besitzen Namen wie *Altar*, *Taufstein* oder *Opferstein* – eine Info-Tafel am Rand des Areals gibt genaue Auskunft darüber. Ganz Überzeugte weisen übrigens gerne darauf hin, dass der *Pultstein* am Eingang mit 51,5 Grad dieselbe Neigung besitze wie die Cheops-Pyramide.

Vor allem kleineren Kindern ist das herzlich egal. Meine liebten es schon mit drei Jahren, ungehindert herumzukraxeln auf den zerklüfteten, gut zugänglichen und selten gefährlich hohen Steinen. Mein Jüngerer kriegt nie genug davon, an meiner Hand echte Sprünge über »Abgründe« zu wagen. Im Herzstück, dem Labyrinth, haben wir schon wunderbar Fangen und Verstecken gespielt, und auch eine kleine Grotte findet sich, die man sich bewohnbar machen kann. Größere haben vielleicht Lust, die Steine zu identifizieren, Druide zu spielen oder einfach »ihren« Fels als Burg zu verteidigen.

Wir kommen stets mit Picknick, das wir auf einem der flacheren Steine ausbreiten. Der Hain spendet gut Schatten, früher oder später im Jahr, wenn es kühler ist, findet man aber immer einen kleinen Sonnenfleck. Ich lasse mich nieder, schicke die Kinder los und habe eine lange Ruhephase vor mir, denn die Landschaft bringt gerade den größeren Nachwuchs von ganz alleine auf Spielideen – hier verbrachte Kindergeburtstage sind Selbstläufer.

Der Weg zum Druidenhain muss erlaufen werden, wenn Sie nicht die leichte Variante wählen, wie wir heute, und sich auf den Wander-

Einladung zum Klettern und Spielen: die Steinwildnis des Druidenhains

parkplatz gleich an der Straße Wohlmannsgesees-Windischgaillenreuth stellen – nur weil der Picknickkorb so schwer ist natürlich. Und weil der Große und sein Freund auf ihre Schwerter nicht verzichten wollten; so etwas erregt im öffentlichen Nahverkehr Aufsehen, fügt sich im Druidenhain aber problemlos in die Sagenlandschaft.

Von Ebermannstadt aus können Sie mit dem Bus bis Wohlmannsgesees fahren, dann sind es gerade mal 500 Meter bis zum Hain. Steigen Sie schon in Kanndorf aus, haben Sie etwa zwei Kilometer auf Wanderwegen vor sich, ein Spaziergang im Grünen, den wir auch schon oft unternommen haben. Kleinere Kinder bewältigen ihn gut. Sie folgen der Straße in Richtung Windischgaillenreuth, biegen dem roten Punkt folgend rechts auf einen Wanderweg ab und wechseln dann nach links zum grünen Kreuzstrich.

Ganz Mutige, Größere und Wandererprobte mit Lust auf eine Tagestour laufen vom Ebermannstädter Hauptbahnhof los, am historischen Wasserrad von 1603 vorbei, mit dem roten Punkt zum schön altmodischen Freibad – das sich für einen Halt anbietet – und scheuen den steilen Aufstieg zur Burgruine Neideck nicht, die man sich ansehen sollte. Beides wäre eigentlich einen eigenen Tipp wert. Meine Kinder stöhnen immer beim Aufstieg, aber die Ruine ist teilrenoviert und bietet viel Raum zum Rumlaufen und Stöbern in Ecken, Kuhlen, Mulden.

Weiter geht's auf dem Wanderweg nach Birkenreuth. Hier vom Brunnenhaus aus mit dem grünen Kreuz weiter, am Golfplatz vorbei nach Kanndorf und dann wie gehabt. Zurück bietet es sich an, in Birkenreuth dem Wegweiser *Wallerwarte* zu folgen und der Wandermarkierung *blauer Senkrechtstrich*. Eltern wie ich mögen das, denn von der Warte, einem aus Natursteinen gemauerten Aussichtsturm, hat man einen sensationellen Blick über das Wiesenttal. Kinder neigen leider dazu, zu dem Zeitpunkt Hunger, Durst und wehe Füße wichtiger zu finden als die Landschaft. Von der nahegelegenen Kapelle aus geht es mit dem blauen Punkt abwärts bis Ebermannstadt.

Tessa Korber

Schon gewusst?
Ist Eppelein von Gailingen an allem Schuld? Der berühmte fränkische Raubritter, dessen Pferd der Sage nach seinen Hufabdruck auf der Mauer der Nürnberger Burg zurückließ, versammelte am 1. Mai 1339 seine Gefolgsleute nachts im Druidenhain für einen Treueschwur. Ein vorbeikommender Bauer aus Wohlmannsgesees sah das Treiben, erschrak und erzählte daheim wilde Geschichten von Hexenbanketten, Opfern und blutigen Ritualen, die er verfolgt haben wollte. Möglicherweise ist das der Ursprung des besonderen Rufes dieses Waldstücks.

In die Boote, fertig, los! 10

Spritziger Paddelspaß durch das idyllische Wiesenttal per Kanu von Waischenfeld bis Doos.

Kajak Mietservice René Busch, Verleihstandort: Parkplatz Doos, Doos 19, 91344 Waischenfeld, Tel. 091 96/99 84 23, www.kajak-mietservice.de, Mai–Sep, befahrbar 9.00–17.00, Abfahrtszeiten Kurzstrecke Pulvermühle–Doos: 9.30 und 13.30 vom Parkplatz Doos. Preise: Kurzstrecke im 2er-Kajak oder 3er-Kanu (max. 3 Std.) 18 € pro Pers., Kind (bis 10 Jahre) als 3. oder 4. Pers. im Kanu 8 €.

Mai–Sep.

5 km, ca. 2 Std.

ÖPNV: Mit der Bahn bis Ebermannstadt, dann mit Buslinie 231 bis Doos (Bus fährt nicht am Wochenende). *Kfz:* A 9, Ausfahrt Pegnitz, B 470 bis Behringersmühle, St 2191 bis Doos, Parkplätze vorhanden.

Ersatzkleidung mitnehmen! Nach der bewegten Kanufahrt ist ein Rundgang auf dem Sinnesparcours (Haus Aufseßtal), gleich neben dem Parkplatz in Doos, zu empfehlen.

Gasthof zur Wolfsschlucht, Wiesentweg 2, 91346 Wiesenttal-Muggendorf, Tel. 091 96/324, www.gasthof-zur-wolfsschlucht.de

Historischer Gasthof Schottersmühle, Schottersmühle 43, 91346 Wiesenttal, Tel. 0 9 1 96/272, www. schottersmuehle.de, Öffnungszeiten: tägl. 11.00 – 22.00 (Mittwoch Ruhetag, Februar geschlossen).

Eine wackelige Angelegenheit

Auf 78 Kilometer Länge erstreckt sich der Hauptfluss der Fränkischen Schweiz, die Wiesent. Sie entspringt im Ortsteil Steinfeld (Gemeinde Stadelhofen) und mündet bei Forchheim in die Regnitz. Dazwischen bietet das bei Kanufahrern beliebte Gewässer eine wildromantische Paddelstrecke mit der Idylle von zerklüfteten Felsen, saftigen Wiesen und verträumten Wäldern. Für Familien zeigt sich der Fluss besonders zahm auf der Route von Waischenfeld bis Doos. Dieser Herausforderung wollen wir uns auf jeden Fall stellen.

In Doos, auf dem Parkplatz des Kajak-Vermieters, starten wir und werden mitsamt unserem Boot per Bus an die Einstiegsstelle zur wenige Kilometer entfernten Pulvermühle bei Waischenfeld chauffiert. In einem wasserdichten Fass können wir unsere Taschen verstauen, und zur Sicherheit werden wir mit schicken roten Schwimmwesten eingekleidet. Nun wird die Sitzordnung eingeteilt, dabei fällt dem hintersten Platz die alleinige Steuerhoheit zu. Immerhin dürfen wir anderen im Kanu den Steuermann mit unseren Paddelschlägen bei der Fortbewegung auf dem Wasser kräftig unterstützen. Erste kleine Unsicherheiten stellen sich bereits beim Einsteigen ein. Wer hätte gedacht, dass so ein schweres Boot eine so wackelige Angelegenheit ist?

Romantische Idylle und heikle Herausforderungen

Aber es ist alles noch mal gut gegangen, und vorsichtig tauchen wir unsere Paddel in den gemütlich plätschernden Fluss. Nach einer Weile haben wir dann auch einen einigermaßen harmonischen Schlagrhythmus gefunden und treiben gemächlich die Wiesent entlang. Neben uns gleitet eine Entenfamilie zugegebenermaßen ungleich anmutiger als wir über das Wasser, und vor uns hüpft ein kleiner Fisch aus den kalten Fluten. Doch jegliche Naturromantik wird unterbrochen, als wir bei etwas anziehender Strömung vor der nächsten Biegung unbarmherzig auf das Ufer zusteuern. Unser Steuermann fängt an zu schwitzen, und wir versuchen vorne mit Rückwärtsschlägen das Tempo zu drosseln, um wieder auf Kurs zu kommen. Geschafft! Ein weiteres kniffliges Hindernis erwartet uns in Form eines Baumes, dessen Äste weit in den Fluss hineinragen, den wir aber knapp und mit viel Geschick umfahren können. Zweimal heißt es auf der Strecke »Vorsicht Wehr! Bitte alle aussteigen!«. Mit vereinten Kräften ziehen wir das Kanu ans Ufer und tragen es über die Wiese bis zur nächsten Einstiegsstelle. Vor dem ersten Wehr genießen wir eine fantastische Aussicht auf Burg Rabeneck. Hoch oben auf einem Dolomitfelsen thront die hochmittelalterliche Tochterburg von Rabenstein, die vermutlich in der ersten Hälfte des 13. Jahrhunderts erbaut wurde.

Achtung, Wehr! Alle Mann von Bord!

Kentergefahr inklusive

Die Fahrt auf der sanft rauschenden Wiesent beginnt uns richtig Spaß zu machen, und wir bewegen uns nun immer kühner und mutiger auf dem Wasser fort. Doch hinter der nächsten Kurve ist es dann passiert. Die flotte Strömung an dieser Stelle hat unser Kanu in die Uferböschung gezogen, und wir hängen fest. Mit den Paddeln versuchen wir uns vom Ufer abzustoßen, doch anstatt wieder in die Fluten zu gleiten, schwankt das Boot nur bedenklich hin und her. Es hilft alles nichts, einer von uns ist gezwungen, in das kalte Wasser zu steigen, um das schwimmende Gefährt wieder in den Flusslauf zu schieben. Während der Wassersog das freigelegte Kanu gleich wieder weitertreiben will, versucht unser »Mann über Bord« zügig den Einstieg zu schaffen, ohne das Boot zum Kentern zu bringen. Erleichtert setzen wir unsere spritzige Fahrt fort. Wenn das mal kein Abenteuer ist!

Nach zwei Stunden erlebnisreicher Kanuwanderung landen wir erschöpft, aber rundum zufrieden am Ausstiegspunkt unserer Tour in Doos.

Sylvia Schaub

11 *Der Schatz der Bachprinzessin*

Kurzer, erlebnisreicher Rundwanderweg durch den Zauberwald. Auf 10 Tafeln wird das Märchen von Jakob und der Bachprinzessin erzählt. Dazu gibt es Spielstationen, an denen die Kinder die Geschichte nachspielen können.

Start ist am Parkplatz beim Gutshof Mengersdorf, Mengersdorf 26, 95490 Mistelgau, http://www.neubuerg.de, unter > Projekte >Freizeit & Tourismus > Kindererlebnisweg, www.atelierzielinski.de

Ganzjährig je nach Wetterlage.

1 km, ca. ½ –1 Std.

Besonders für kleine Kinder geeignet, auch weil der Weg nicht so lang ist. Die Strecke ist (in trockenem Zustand) mit Kinderwagen befahrbar.

ÖPNV: Mit der Bahn bis Bayreuth, Buslinie 376 nach Truppach, 5 Min. Fußweg nach Mengersdorf. *Kfz:* A 9, Ausfahrt Bayreuth Süd, B 86 durch Bayreuth, B 22 durch Eckersdorf, St 2186 bis Truppach, dann links nach Mengersdorf.

Getränke, evtl. Brotzeit mitnehmen, Rastmöglichkeiten vorhanden.

Aufseß'scher Gutshof Mengersdorf, Mengersdorf 26, 95490 Mistelgau, Tel. 0 92 06/99 38 80, www.gutshof-mengersdorf.de, Fr, Sa 18.00–22.00, So, Fei 11.30–20.00.

Jakob, der Schäfer

Ob Schneewittchen, Aschenputtel, Rapunzel oder Dornröschen – wer kennt sie nicht, die Märchen von schönen Prinzessinnen, die am Ende einer spannenden Geschichte von ihrem Retter erlöst werden und eine große Hochzeit feiern? Ähnlich geht es in unserer Erzählung über die Bachprinzessin auch zu, nur dass in diesem Fall ihr »Prinz«, der Schäfer Jakob, im Mittelpunkt des Geschehens steht. Auf der Grundlage heimischer Sagen hat die Künstlerin Hilde Zie-

linski die rührende Geschichte verfasst und mit wunderschönen Bildern ergänzt. An zehn Stationen kann man auf dem Kindererlebnisweg das Märchen nachlesen und -spielen und die gemalten Kunstwerke bewundern.

Direkt am Parkplatz treffen wir auf die erste Tafel und erfahren, dass in einem prächtigen Schloss einst die liebliche Prinzessin Schneeglöckchen wohnte, die aber kein Prinz und kein Ritter erobern konnte, da im umliegenden Zauberwald böse Geister ihr Unwesen trieben.

Zu dieser Zeit hütete der Schäfer Jakob in der Nähe seine Schafe, als ihm eines Abends sein treuer Hund Hans davonlief. So lasst uns doch Jakob bei der Suche nach seinem vierbeinigen Gefährten helfen!

In den Fängen des Zauberwaldes

An einer Weggabelung spazieren wir links in den Wald hinein und finden uns schon bald am *See der Stille* wieder. Wir sehen Jakob im Geiste vor uns, wie er in einer Barke vergeblich versucht, an das andere Ufer des Sees zu rudern. Und wir lernen das Holzmännlein kennen, das Jakob nicht nur in dieser schwierigen Situation weiterhilft.

Wir folgen dem Weg und treffen an der dritten Station auf die Bachprinzessin. Natürlich verliebt sich Jakob in sie, aber das hölzerne Männlein klärt ihn über den Zauberwald auf und bemerkt, dass erst zahlreiche Prüfungen bestanden werden müssen, um die Prinzessin heiraten zu können. Und bereits an Station vier steht uns die erste Herausforderung bevor. Gut, dass wir nicht wie Jakob über spitze Dornen laufen müssen. Für uns verläuft der *Weg der Schmerzen* über einen Pfad von Tannenzapfen und Kieselsteinen. Nachdem wir auf der nächsten Tafel vom Perlenschatz der Bachprinzessin erfahren haben, müssen wir am *Berg der Sinnlosen Mühen* unser Durchhaltevermögen unter Beweis stellen. Erst nachdem wir dreimal die Stufen des Berges erklommen haben, dürfen wir die Zauberrutsche benutzen. Ist das geschafft, liegt nur noch die *Brücke der Wachsamkeit* vor uns, die wir natürlich wie Jakob achtsam und mutig überqueren. Wie wird es nun weitergehen, nachdem wir die dunkle Seite des Zauberwaldes durchwandert haben?

Die Hoffnung des Holzmännleins

Jakob jedenfalls entdeckt auf einer blühenden Wiese schließlich seinen entlaufenen Hund Hans wieder und kann nun auch endlich die schöne Prinzessin in die Arme schließen. Wir können inzwischen von einer Plattform tief im Wald das Holzmännlein sehen, das den beiden traurig hinterherschaut. Warum es so betrübt ist, erfahren wir am *Brunnen des Glücks*. Als der durstige Jakob mit dem Eimer ein Stück Holz aus dem Brunnen nach oben zieht, wird ihm und seiner Gefährtin klar, dass das Holzmännlein nicht erlöst werden kann, da sich Jakob nicht ein letztes Mal bei ihm bedankt hat. Ist die Errettung des Holzmännleins damit für immer verloren? Zum Glück nicht, und daher wartet es bis heute hoffnungsvoll auf ein beherztes Kind, das es irgendwann erlösen wird.

Die Prinzessin und ihr Held haben übrigens eine prunkvolle Hochzeit gefeiert – ganz, wie wir es erwartet haben.

Und wir spazieren verzaubert zum Ausgangspunkt zurück.

Sylvia Schaub

Wir erklimmen den *Berg der Sinnlosen Mühen*

12 *Pony und Pizza*

Spaziergang mit Pony oder Esel, inkl. Putzen und Satteln der Tiere.

Pferdeparadies Sanspareil, Peter Volpert & Sonja Hofmann, Sanspareil 19, 96197 Wonsees, Tel. 01 75/5 21 17 86, www.pferdeparadies-sanspareil.de, www.ponybande.de. Preise: Ponyreiten (eigener Führer erforderlich) ½ Std. 6 €, 1 Std. 11 €, Ponybande 15 €, »Pony und Pizza« (1 Pizza pro Kind, das reitet) 18 €, jede weitere Pizza 4 €, Anmeldung erbeten!

Feb–Nov, Ponyspaziergang jeden 1. und 3. So im Monat 14.30–17.00 und nach tel. Absprache.

Ponyspaziergang ½ oder 1 Std., hinzu kommt der Erstkontakt mit Streicheln, Putzen und Satteln der Tiere. »Pony und Pizza« und Ponybande je ca. 3 ½ Std.

Ab 5 Jahre.

ÖPNV: Mit der Bahn bis Kulmbach, dann Buslinie 8435 nach Wonsees; oder mit der Bahn nach Ebermannstadt, dann Buslinie 975 nach Wonsees, ab Wonsees ca. 2 km Fußweg nach Sanspareil. *Kfz:* A 70, Ausfahrt Schirradorf, St 2189 bis Wonsees, dann Richtung Sanspareil, Parkplätze vorhanden.

Festes Schuhwerk, Reit- oder Fahrradhelm, robuste Kleidung und evtl. Regenschutz mitbringen! Zusätzliche Aktionen wie z. B. Pferdeerlebniswochenenden, Kutschfahrten oder Geburtstagsfeiern werden angeboten. Weitere sehenswerte Ausflugsziele in unmittelbarer Nähe sind der Felsengarten Sanspareil mit morgenländischem Bau und die Burg Zwernitz. Infos unter Schloss- und Gartenverwaltung Bayreuth-Eremitage, Ludwigstr. 21, 95444 Bayreuth, Tel. 09 21/7 59 69-21, www.bayreuth-wilhelmine.de

Pferdeparadies Sanspareil: Hier werden Kinderträume wahr

Zauberhafte Pferdewelt

Auf dem Rücken der Pferde liegt das Glück dieser Erde. Wer einmal das Pferdeparadies in der fränkischen Ortschaft Sanspareil besucht hat, ahnt, wo dieses Sprichwort seinen Ursprung haben könnte.

Und ein Paradies ist der Ponyhof nicht nur für die kleinen und großen Reiter und Pferdefreunde. Auf den wenigsten Reiterhöfen finden auch die Tiere ähnlich paradiesische Lebensbedingungen vor wie hier. Über 60 Pferde, Ponys und Esel dürfen ihre Freiheit statt in einer engen Box in der Offenstallhaltung ausleben. Mehr als sechs Hektar Land umgibt das Gestüt, sodass die prächtigen Vierbeiner auf weitläufigen Koppeln viel Platz in Anspruch nehmen können. Dem von der Laufstall-Arbeits-Gemeinschaft mit drei Sternen ausgezeichnete Hof ist die artgerechte Haltung seiner Ponys und Pferde außerordentlich wichtig, und das merkt man den ausgeglichenen und sanftmütigen Tieren einfach an.

Schon als wir durch den nach dem französischen Ausspruch »C'est sans pareil!« (»Dies ist ohnegleichen!«) benannten Ort Sanspareil fahren, überkommt uns ein Gefühl der Entspanntheit und Friedlichkeit. Der Pony- und Pferdehof der Familie Hofmann/Volpert liegt am Ortsrand, in direkter Nachbarschaft zum Felsengarten Sanspareil und mit herrlichem Blick auf die Burg Zwernitz.

Streicheln, striegeln, satteln

Cindy, der hauseigene Mischlingshund, begrüßt uns mit freudigem Gebell und wedelndem Schwanz. Es ist bereits einiges los auf dem Pferdehof, und Sonja Hofmann kommt nach der herzlichen Begrüßung auch direkt zur Sache: »Welches Pony hättet ihr gerne? Wie groß darf es denn sein?« Die Kinder, in unserem Fall klassisch nur Mädchen, sind wahnsinnig aufgeregt und folgen erwartungsvoll in den großzügigen Stall, in dem Ponys, Pferde, Esel und Mulis harmonisch unter einem Dach leben. Welches ist das süßeste Tier? Nachdem sämtliche Vierbeiner ausgiebig bestaunt und gestreichelt wurden, hat sich jeder für sein Lieblingspony entschieden. Doch bevor unsere Sprösslinge nun einfach auf das gesattelte Pony gesetzt werden, müssen Max, Thunder, Billy und Herr Graf erst mal ausgehfertig und hübsch gemacht werden. Jedes Kind bekommt ein kleines Körbchen mit Striegel und Hufauskratzer in die Hand gedrückt, und schon kann es losgehen. Pferdenärrin Sonja Hofmann ist es ein besonderes Anliegen, dass die Kinder nicht einfach auf ein unbekanntes Pony gesetzt werden, sondern dass sie sich ausgiebig mit den Tieren beschäftigen und ein Gespür für »ihr« Pony bekommen. Die Verbindung ist auch wirklich schnell geschaffen, während den geduldigen Ponys Schmutz und Staub aus dem Fell gestriegelt und mit ein wenig Hilfe die Erde aus den Hufen gekratzt wird. Superstolz legen die Mädchen den Indianersattel auf den Rücken ihres Ponys, die Betreuer bringen währenddessen fachmännisch das Zaumzeug an. Nun heißt es endlich: »Aufsteigen!« Ohne Steigbügel und mit nahezu direktem Kontakt zum Pferderücken macht die Aussicht von oben gleich doppelt so viel Spaß.

Hoch zu Ross

Wir Eltern können jetzt unseren Nachwuchs an die lange Leine nehmen und zusammen mit den Ponys einen herrlichen Spaziergang um das ausgedehnte Hof-Areal herum machen. Die Mädchen genießen ihren (teilweise) ersten Ritt auf einem Pony sichtlich und dürfen zwischendurch auch einmal versuchen, ganz ohne Festhalten im Sattel zu bleiben. Wir ziehen das Tempo an, und Max & Co. fallen in ein gemütliches Traben. Ab und an möchte Herr Graf lieber einige Grashalme zupfen, als sich in der Truppe nach vorne zu bewegen. Aber ansonsten ist der Umgang mit den gutmütigen Ponys wirklich unkompliziert. Schade, dass der halbstündige Reitausflug so schnell wieder vorbei ist. Sind die Ponys erst einmal angebunden, dürfen die Kinder auch noch ihre Geschicklichkeit unter Beweis stellen und sich auf dem Pferderücken um 180 Grad drehen. Den Oberkörper flach auf das Pony gelegt, kann man das weiche Fell besonders gut spüren. Mit einer weiteren Drehung sitzen alle wieder richtig herum im Sattel, und nun geht es über das Hinterteil per Rutschpartie auf den Boden zurück. Das hat wirklich Spaß gemacht! Zufrieden und strahlend führen die Mädchen die abgesattelten Ponys wieder in den Stall. Bei Krapfen und Kinderglühwein nimmt das aufgeregte Plappern unter den jungen Pferdefreundinnen kein Ende. »Max ist wirklich ein tolles Pony«, »Beim nächsten Mal möchte ich wieder auf Thunder reiten« und »Ich habe Billy ganz alleine gestriegelt«, tönt es eifrig um uns herum.

Das volle Programm

Vielleicht wollen wir beim nächsten Mal ja auch »Pony und Pizza« bestellen. Dann können die Kinder nach Striegeln und Streicheln ihrer Leihponys bei toller Musik erneut ihre Geschicklichkeit trainieren oder den Vierbeinern auch mal die Mähne flechten. Selbstverständlich darf auch ein ausgiebiger Ausritt nicht fehlen. Am Ende kann jeder Teilnehmer seine selbstbelegte Pizza in gemütlicher Runde verspeisen. Oder wie wäre es nach umfassendem Ponyprogramm mit einer Übernachtung im Matratzenlager des ausgebauten Dachgeschosses? Auch Ferienfreizeiten und Kindergeburtstage können auf dem paradiesischen Pferdehof gebucht werden. Ein ganz besonderes Angebot gibt es noch für die jüngeren Reitfans. Die Ponybande trifft sich einmal im Monat auf dem Reithof in Sanspareil, um spielerisch den natürlichen Umgang mit Ponys und Pferden zu lernen. Zum Abschluss der Saison winkt dann der Pferdeführerschein.

Sylvia Schaub

13 *Von Stahlkolossen und Schulter-Äffchen*

Erst heißer Dampf, dann dampfend heiß: Ein Besuch im Lokomotiv-Museum und im idea Dschungel-Paradies.

Deutsches Dampflokomotiv-Museum, Birkenstr. 5, 95339 Neuenmarkt, Tel. 0 92 27/57 00, www.dampflokmuseum.de, 16. März–Okt Di–So 10.00–17.00, ansonsten bis 15.00. Eintritt: Kinder (6 – 16 Jahre) 5 €, Erwachsene 7 €, Familienkarte 15 €.
Hinweis: Nach einer umfassenden Renovierung bietet das Museum nun zahlreiche neue Attraktionen.
idea Dschungel-Paradies, Wirsberger Str. 12, 95339 Neuenmarkt, Tel. 0 92 27/90 25 25, www.dschungelparadies.de, Di–So (Mo Ruhetag, außer an Fei): Apr–Okt 9.30–17.30, Nov–März 10.00–17.00. Eintritt: Kinder unter 3 Jahren frei, ermäßigt 3 €, Erwachsene 4,50 €.

Beides zu jeder Jahreszeit empfehlenswert. Nur in der Sommersaison möglich: Fahrten mit der Schmalspurbahn von 11.00 bis 16.00 und Mitfahren im Führerstand einer Dampflok sowie Einkehr im *Mitropa*-Speisewagen oder im Biergarten.

Für den Museumsbesuch sollte man gut 2 Std. einplanen, für die Stippvisite im Dschungel ebenfalls bis zu 2 Std.

Schon 2-Jährige können im Dampflok-Museum viel Spaß haben, eine Kinderführung mit dem *Oskar*-Buch lohnt sich bereits im Vorschulalter. Dschungel-Paradies und Museum sind kinderwagentauglich.

ÖPNV: Neuenmarkt, das bekannte »Eisenbahnerdorf«, ist aus allen Richtungen mit dem Zug erreichbar. *Kfz:* Neuenmarkt liegt an der B 303, nahe der A 9 (Ausfahrt Bad Berneck). Hinweisschilder zeigen den Weg zum Dampflok-Museum gegenüber dem Bahnhof. Das idea Dschungel-Paradies befindet sich am Ortseingang. Beide Ausflugsziele verfügen über kostenfreie Parkplätze.

Die durchgeschnittene Lok

Neuenmarkt – in diesem Ortsnamen steckt Magie. Kaum ausgesprochen, zaubert er ein Leuchten auf die Gesichter unserer beiden Jungs und lässt sie sehnsüchtig fragen: »Wann dürfen wir endlich wieder dorthin?« Um die Freude noch zu steigern, reisen wir an einem kalten Dezembertag sogar stilecht auf der Schiene an. Doch der moderne Zug, der uns zum Bahnhof Neuenmarkt-Wirsberg bringt, kann den Nachwuchs mitnichten so begeistern wie die Vorgängermodelle im Dampflokomotiv-Museum vis-à-vis. Also schnell über die Brücke und rein in das ehemalige Bahnbetriebswerk, das 1977 zum Eldorado für Nostalgiker und Fans gigantischer Stahlrösser umgebaut wurde. An der Kasse kaufen wir *Oskar* – den 44-seitigen Kinder-Museumsführer. Er leitet uns ins Herzstück der Anlage: den Lokschuppen. Hier befindet sich die Hälfte der 30 ausgestellten Loks aus Bayern, Preußen und Sachsen. Und jetzt begreifen wir, was die Jungs so fasziniert: die wuchtige Ausstrahlung der stählernen Kolosse, in denen zwar kein Feuer mehr brennt, die aber immer noch Feuer entfachen können. Kinder wie Erwachsene stehen gleichermaßen staunend vor diesen gigantischen Zeugnissen vergangener Ingenieurskunst. »Schaut mal, ich bin so groß wie ein Puffer«, bemerkt unser Vierjähriger, der dank *Jim Knopf*-DVDs mehr über Kessel, Kuppelstangen und Kohlentender weiß als Mama und Papa zusammen. Doch mit *Oskars* Hilfe lernen alle noch etwas dazu. Zum Beispiel: Haben Loks Nummernschilder? Welches Signal bedeutet langsam fahren? Und überhaupt: Wie funktioniert eine Dampflok? Um das zu beantworten, hat man in Neuenmarkt ein Exemplar einer Lok in der Mitte durchgeschnitten. Ebenfalls spannend ist der Blick in den Führerstand: »So viele Anstellräder!«, schwärmt der große Sohn, während der Zweijährige versucht, ins weit geöffnete Feuerloch zu krabbeln. Wir können ihn abhalten und überzeugen, lieber mit uns in die »Achssenke« hinabzusteigen. Diese Grube, in der die Arbeiter des Bahnbetriebswerkes früher die Züge reparierten, dient heute dazu, die Besucher unter die Räder einer 100 Tonnen schweren Lok zu bringen. Und zum Staunen – ob der unzähligen Stangen und Schrauben!

Mit kalten Zehen und noch kälteren Fingern wechseln wir vom unbeheizten Lokschuppen zum warmen Museumsbereich. Hier ändert sich allerdings auch die Größe der Exponate von 1:1 in 1:87. Die 42 Quadratmeter umfassende Modellbahnanlage zeigt den Streckenabschnitt zwischen Neuenmarkt-Wirsberg und Marktschorgast

– eine Bahnlinie, die bei ihrer Erbauung 1844 bis 1848 europäische Eisenbahngeschichte geschrieben hat. Denn auf der sogenannten Schiefen Ebene musste ein Höhenunterschied von 158 Metern bei einer Steigung von 1:40 überwunden werden. *Oskar* spricht von einem technischen Wunderwerk, für das so viele Steine gebraucht wurden wie für die Errichtung von drei Cheops-Pyramiden. Um die steile Strecke zu bezwingen, reichte die Kraft einer einzelnen Lok nicht aus, weshalb man Schiebeloks einsetzte. Wer diese besondere Fahrt einmal miterleben möchte, muss zu den Pfingstdampftagen nach Neuenmarkt kommen. An dem fixen Termin im Museumsjahr machen sich die schwarzen Giganten erneut auf den beschwerlichen Weg. In der Gemeinde mit ihren 3000 Einwohnern findet man dann kaum Parkplätze, durch die Luft wabern rußige Schwaden, und immer wieder ertönen schrille Pfiffe.

Schrill – äußert schrill klingt auch die Alarmanlage des Museums, wie wir mit Schrecken feststellen müssen. Doch der Zweijährige gibt das Unschuldslamm. Ein paar Minuten später merken wir, dass sich der Alarm wirklich schnell auslösen lässt, nämlich schon beim leichten Berühren der Glasscheibe. Wir wechseln daher lieber in den Außenbereich des Museums und begutachten im Eildurchgang die Segmentdrehscheibe von 1920, eine Lok mit riesigem Schneeräumschild und einen fahrbaren Dampfdrehkran. Doch die Kälte drängt zum Aufbruch.

Tropen hinter der Tür

Wir machen uns auf den Weg zu einem weiteren Besuchermagnet in Neuenmarkt: dem idea Dschungel-Paradies. Hier soll laut Werbeslogan jeden Tag Sommer sein – ein Versprechen, das große und kleine Eisfüße schnell durch den Schnee stapfen lässt. Leider verläuft die ca. einen Kilometer lange Strecke größtenteils neben der viel befahrenen Hauptstraße. Doch die Mühe lohnt sich. Eine Viertelstunde später tauschen wir die schneeumhüllten Winterstiefel gegen – in mütterlicher Voraussicht mitgebrachte – Sandalen. Pullis runter, Hosenbeine hoch und ab durch die zweitürige Schleuse in eine andere Welt. Sie besteht aus Palmen, Vogelgezwitscher, dem Geruch feuchtwarmer Luft und dem Plätschern eines Wasserfalls - das Ganze bei 25 Grad plus! Hinter Netzen versteckte Heizkörper und eine Luftfeuchtigkeit von 50 Prozent zaubern ein Stück tropischen Regenwald ins winterkalte Oberfranken. Dschungel-Feeling hautnah:

Deutsche Reichsbahn
03 1010
DIE SEGMENT-DREHSCHEIBE
IM HALBKREIS GEWENDET
THE TURNTABLE SEGMENT – TURNED IN A SEMI-CIRCLE
Die Segment-Drehscheibe verbindet Schuppenstände und Gleise.
Die frühe Scheibe von 1892 maß nur 14 Meter in ihrem Durchmesser.
Der wurde zwar auf 18 Meter erweitert, doch auch das sollte für
die immer länger werdenden Lokomotiven bald nicht mehr ausreichen.
Aus Platzgründen fertigte man daher 1920 eine Sonderbauart,
eine von wenigen dieses sehr speziellen Typs in ganz Deutschland.
Zwischen Lokschuppen und Gleisanlage war nicht genügend Raum,
um die Lokomotiven zusammen mit ihren Schlepptendern zu drehen.

Keine Glasscheibe, kein Gitter trennt uns von Flora - und Fauna! Es kommt zu ungewohnten Begegnungen, wenn sich ein Weißbüschelaffchen auf der Schulter niederlässt. »Mama, das ist bestimmt Herr Nilsson von Pippi Langstrumpf«, rufen die Kinder entzückt und setzen zur Streichelattacke an. Doch da verabschiedet sich Herr Nilsson lieber. Wie Tarzan schwingt er von Ast zu Ast. Die achteckige Halle bietet ihm und seinen Kollegen viel Auslauf. Mit einem Raumvolumen von über 3000 Kubikmetern hat sie es sogar ins *Guinness Buch der Rekorde* geschafft. Kakadusittiche fliegen hier genauso wie Papageiamadinen, während die unzähligen Zwergwachteln lieber am Boden wuseln und den Besuchern Achtsamkeit abverlangen. »Passt auf, wo ihr hintretet, Jungs!«

Am besten, man nutzt die bereitstehenden Gartenstühle und macht es sich unter sattem Grün so richtig bequem. Lässt Geräusche wie Gerüche wirken und genießt diesen Kurztrip in die Tropen, für den kein Langstreckenflug nötig war. Unsere Pupillen gehen auf Entdeckungsreise, denn manche Bewohner dieser feuchtwarmen Halle zeigen sich erst auf den zweiten Blick. Wie etwa ein grüner Leguan, der wohl schon die ganze Zeit über unseren Köpfen ruhte, ohne im Blättermeer aufzufallen. Schildkrötenpanzer tauchen wie U-Boote aus dem Teich auf. Wir sehen niedliche Spitzhörnchen und in den Terrarien der Eingangshalle weniger niedliche Vogelspinnen, Würgeschlangen und Skorpione. Auge in Auge mit einem Krötenlaubfrosch trinken wir Kaffee, während die Kinder in der gut bestückten Spielecke beschäftigt sind. Zahlreiche Infotafeln erweitern unser Wissen über Goldgeckos oder Kronenbasilisken. Mit Spezialgläsern auf der Nase können wir zu guter Letzt noch erleben, wie Schmetterlinge mit ihren Facettenaugen die Welt wahrnehmen: Sie sehen alles durch die rosarote Brille. Die müssen wir aber leider wieder abnehmen und uns der Realität stellen. Sommersandalen ade! Der oberfränkische Winter empfängt uns unerbittlich vor der Ausgangstüre.

Claudia Sebert

Stierhaupt und Pommes in 1000 Metern Höhe

14

Sommerliche Seilbahnfahrt auf den Gipfel des Ochsenkopfes mit anschließendem Spaziergang auf dem Märchenweg von Bischofsgrün aus.

Seilschwebebahn Talstation Nord, Fröbershammer 27, 95493 Bischofsgrün, Tel. 0 92 76/4 35 oder 6 04, www.seilbahn-ochsenkopf.de, Fahrten tägl. (Apr–Dez) 9.30–17.00. Kinder unter 6 Jahren in Begleitung Erwachsener frei, Erwachsene zahlen für die Hin- und Rückfahrt 7 €, Kinder ab 6 Jahre 5 €, Familienrabatt. Infos zum Ochsenkopf unter www.erlebnis-ochsenkopf.de oder www.bischofsgruen.de

Für die Erkundungstour auf dem Gipfel sollte man 1 Std. einplanen. Den 2 km langen Märchenwanderweg kann man zügig in 1 Std. ablaufen, wer die Sagen an den Stationen erzählt, braucht ca. 2 Std.

Die Seilbahnfahrt dürfte für Kinder jeden Alters ein Erlebnis sein, allerdings muss man zappelige Kleine gut festhalten, es gibt keine Gurte! Der Märchenwanderweg ist ideal für alle, die sich noch für Froschkönig und Co. begeistern können. Er ist kinderwagentauglich und schon für 3-Jährige erlaufbar.

ÖPNV: Mit der Bahn bis Bayreuth, dann mit den Buslinien 329 oder 369 direkt zur Talstation Nord. *Kfz:* A 9, Ausfahrt Bad Berneck, dann B 303 bis Bischofsgrün; oder A 93 bis Abfahrt Marktredwitz, dann B 303 bis Bischofsgrün; oder von A 72 auf A 93 (Richtung Regensburg) bis Abfahrt Marktredwitz, dann B 303 nach Bischofsgrün. Großer, kostenpflichtiger Parkplatz.

Noch mehr Sommerattraktionen: Die 1 km lange Sommerrodelbahn erreicht man mit der Seilbahn (Ausstieg Zwischenstation) oder zu Fuß, sie ist 20 Min. von der Tal- und von der Bergstation entfernt (www.sommerrodelbahnochsenkopf.de), für Kinder ab 8 (Jüngere in Begleitung Erwachsener). Der Kletterwald Oxenkopf befindet sich neben Talstation und Parkplatz (www.oxenkopf.de). Eine Dévalkart-Bahn gibt es in Oberwarmensteinach (10 Min. von Bischofsgrün entfernt): mit Karts am Schlepplift hochfahren und ins Tal sausen (www.skilifte-devalkartbahn.de).

Gaststätte Asenturm auf dem Gipfel, 9.00–18.00, Mo Ruhetag (Kiosk geöffnet).

Schweben statt schwitzen

Neben uns die mächtigen Fichtenwipfel, unter uns ein rauschendes Bächlein – in uns ein Gefühl von Freiheit. Lautlos schwebt der Sessellift von der Talstation bei Bischofsgrün zum Gipfel des Ochsenkopfes, der zweithöchsten Erhebung im Fichtelgebirge. Die 20-minütige Fahrt entpuppt sich als Wellness für die Seele: erfrischend klare, nach Waldboden duftende Höhenluft, Vogelgezwitscher und das sanfte Schaukeln der Gondeln. Nur ungern bekommen wir wieder Boden unter die Füße. Doch das nächste Hochgefühl wartet: diese Aussicht! 1024 Meter über dem Meeresspiegel verschafft der fantastische Weitblick neue Sichtweisen. Unsere beiden Jungs begeistert eher etwas Weltliches: Muskulöse Männer mit Helmen stürzen sich mutig mit ihren Mountainbikes die abgezäunte Downhill-Strecke hinunter – waghalsige Sprünge inklusive. Außerdem interessiert sie der Sendeturm des Bayerischen Rundfunks, dem wir nun ganz nahe sind. Mit seinen fast 200 Metern Höhe ist er das weithin sichtbare Erkennungszeichen des Ochsenkopfes.

Der gehörnte Merkur

Dann geht's auf Erkundungstour. Wir wollen einer spannenden Frage nachgehen: »Warum hat der Berg so einen lustigen Namen?« Wegweiser bei der Sesselliftstation zeigen, in welcher Richtung die Antwort zu finden ist. Wir folgen der Aufschrift *Wahrzeichen* und gelangen nach 200 Metern Fußmarsch an eine Felsengruppe. Jetzt heißt es: Augen auf und alle Gesteinsbrocken absuchen! Wer sieht es zuerst? Plötzlich schreit der Junior erfreut auf und berührt einen in Stein gemeißelten Ochsenkopf. Tatsächlich, wir haben den Namensgeber gefunden. Laut einer überlieferten Urkunde wird die Gipfelregion seit dem 15. Jahrhundert nach diesem Bild benannt. Der Name

Die rasanteste Art des Bergabstiegs: eine Fahrt mit der Sommerrodelbahn

übertrug sich dann auf den gesamten Berg. Aber warum ein Ochsenkopf? Dazu gibt es mehrere Theorien. Die plausibelste: Das Tierhaupt könnte ein Zeichen der Alchimisten sein, die in den hiesigen Bergwerken Silber, Gold, Zinn, Eisen und auch Quecksilber abbauten. Die Alchimisten ordneten dem Planeten Merkur Quecksilber zu, und das Symbol für Merkur sieht einem Stierkopf sehr ähnlich. Hat es also jemand in den Stein gemeißelt, um eine günstige Stelle für Quecksilber zu markieren? Bis heute ist die Herkunft des Namens ungeklärt. Das macht es natürlich umso spannender. Doch wir treten lieber den Rückweg an. Schließlich hat unser Zweijähriger inzwischen die Felsengruppe mit ihren Spalten und Abgründen als Abenteuerspielplatz für sich entdeckt, getreu dem Motto: Frage nicht nach den Folgen, sondern folge den Fragen!

Jetzt wäre eine Stärkung recht. Schön, dass wir dafür nicht ins Tal zurückfahren müssen. Ein paar Meter neben der Sesselliftstation befindet sich der steinerne Asenturm mit uriger Gaststätte, die das ganze Jahr über bewirtschaftet ist. Das beeindruckende Bauwerk gehört dem Fichtelgebirgsverein und wurde 1922 errichtet – kein leichtes Unterfangen, wie man sich vorstellen kann. Sogar Schulkinder, die einen Ausflug auf den Gipfel unternahmen, schleppten damals Baumaterial in ihren Rucksäcken nach oben. Unsere Jungs finden die Schulkinder ziemlich doof, weil sie nicht einfach die Seilbahn

Sagen zum Suchen: Auf dem Märchenwanderweg geht es erzählenderweise durch das reizvolle Fichtelgebirge

genommen haben. Unser Argument, dass es die noch gar nicht gab, zählt nicht. So ist es also vielen »doofen« Helfern zu verdanken, dass wir heute 1000 Meter über Normalnull Schnitzel mit Pommes essen können und dazu einen atemberaubenden Mittelgebirgsausblick genießen dürfen. Noch besser wird die Fernsicht allerdings, wenn man sich die Mühe macht, die 75 Stufen des Asenturms hinaufzusteigen.

Dornröschens Drogen

Nach Benutzung eines der höchstgelegenen Wickeltische Nordbayerns verlassen wir frisch gestärkt den Gipfel, um wieder ins Tal hinabzuschweben. Nach der sanften Landung wollen wir den Berg auf Schusters Rappen erkunden. Schließlich wirbt der Ochsenkopf mit einer Vielzahl von Wanderwegen. Da wir mit zwei Kleinkindern unterwegs sind, fällt die Wahl auf den Märchenwanderweg, der in Bischofsgrün beginnt und endet. Wir suchen uns in der Nähe des Rathauses einen Parkplatz und entdecken schon das Hinweisschild mit dem Zwerg, der uns zwei Kilometer lang von einer der 14 Märchenstationen zur nächsten leiten wird: vom *Froschkönig* über *Schneewittchen* bis hin zu *Hänsel und Gretel*. Schnell wird klar, was für die Kinder den Reiz der Wanderung ausmacht: nicht etwa die leicht verwitterten Blechschilder mit den Märchenszenen, sondern das Ostereiersuchgefühl. Wo steht das nächste? Wer es erspäht, spurtet los. Und dann ist das Erinnerungsvermögen der Erwachsenen gefragt. Wie war das noch gleich, wer hat Dornröschen in den hundertjährigen Schlaf versetzt? Die mit dem Apfel? Die mit den Lebkuchen? Oder waren es ganz andere Drogen? Bei Gedächtnislücken hilft das Begleitheft aus der Tourist-Information. So geht es erzählenderweise von Station zu Station, ohne das übliche »Wie lange denn noch?«-Genörgel – eine erstaunliche Leistung der einfachen Blechschilder! Während sich die Erwachsenen an der Fichtelgebirgslandschaft mit ihren kuriosen Felsformationen, Bächen und Brunnen erfreuen können, entdecken die Kinder nicht nur Märchenhaftes. Stationen eines Walderlebnispfades liegen ebenfalls auf der Strecke. Mit einem Baumxylofon lässt sich musizieren, in der Tiersprunggrube kann man seine Weiten mit denen von Füchsen oder Luchsen messen. Außerdem kommen wir an der Sommerrodelbahn vorbei, sehen die Mattensprungschanze und den Hochseilgarten, in dem gerade ein junger Mann die Distanz zwischen zwei Fichten überwindet – auf einem Bobby-Car! Kurz gesagt: Langeweile Fehlanzeige. So steht für uns nach diesem erlebnisreichen Tag fest: Wer auch immer die mysteriöse Markierung in den Gipfelfels gemeißelt hat, er behält recht – diesen Berg lohnt es sich zu merken.

Claudia Sebert

Schon gewusst?
Der Ochsenkopf hat schon immer die Fantasie der Menschen beflügelt und einen reichen Sagenschatz hervorgebracht. Die bekannteste Sage begegnet Wanderern auf dem Märchenweg. Sie erzählt die Geschichte einer jungen Witwe, die beim Heidelbeerpflücken auf dem Ochsenkopf eine Höhle mit Gold und Edelsteinen entdeckt. Eine weiße Gestalt bietet ihr an, sie dürfe so viel mitnehmen, wie sie tragen könne, solle aber das Beste nicht vergessen. Also setzt die Frau ihr Kind ab und beginnt, alles zusammenzuraffen. Eilig verlässt sie die Höhle, die sogleich verschwindet. Ihr Kind! Sie hat es vergessen! All die Schätze bedeuten ihr nun nichts mehr. Ruhelos sucht sie nach ihrem Kind. Ein Jahr später findet sie wieder den Eingang zur Höhle und siehe da: Ihr Kind sitzt inmitten des Gefunkels. Schnell reißt sie es an sich und lebt fortan glücklich, auch ohne Reichtum.

15 *Frau Holle greift zum Stecker*

Eine Schlittenfahrt am Rodelhang der Talstation Nord bei Bischofsgrün.

Talstation Nord, Fröbershammer 27, 95493 Bischofsgrün, Seilschwebebahnen im Winter (Dez–Apr) tägl. 9.00–16.00. Kinder unter 6 Jahren in Begleitung Erwachsener frei, Tageskarte Erwachsene 19,50 €, Kinder (6–15 Jahre) 14,50 €. Anfängerlift: Tageskarte Kinder 6 €, Erwachsene 8 €. Auskunft zu den Wintersportbedingungen unter Tel. 0 92 77/12 13 (zentrales Schneetelefon) oder bei der Schwebebahnstation unter 0 92 76/4 35 oder 6 04, www.seilbahn-ochsenkopf.de, www.erlebnis-ochsenkopf.de

Siehe Sommertour Ochsenkopf (S. 65–69)

In der Hauptsaison von Weihnachten bis Fasching sind die Winterwanderwege und Nordic-Walking-Strecken in der Regel geräumt und gut begehbar, auch der Märchenwanderweg (2 km). Weitere Winterangebote: Mehrere Skipisten und Langlaufloipen, Schlittschuhfahren und Eisstockschießen bei der Talstation Nord, geführte Wanderungen mit ausleihbaren Schneeschuhen ab Schuhgröße 35.

Gaststätte *Asenturm* auf dem Ochsenkopf-Gipfel, 9.00–18.00, Mo Ruhetag (Kiosk geöffnet).

Kaltes Kanonenfeuer

Wieder folgen wir dem Ruf des Berges – dieses Mal im Winter. Auf gut Glück haben wir die Schlitten ins Auto gepackt und sind Richtung Bischofsgrün gefahren. Die braungrünen Felder, an denen wir vorbeikommen, nähren jedoch Zweifel. Wird noch genug Schnee liegen? Die Antwort gibt der gut gefüllte Parkplatz. An der Talstation der Seilschwebebahn Nord wimmelt es nur so von Ski- und Snowboard-Fahrern. Wie das nach der langen Tauperiode möglich ist, verrät eine Informationstafel am Stationsgebäude. Seit dem Winter 2006 verfügt der Ochsenkopf über eine moderne Beschneiungsanlage mit Propellerkanonen und Schneilanzen. Sie sorgen für Schnee-

Auf die Bretter, fertig, los! Egal ob Anfänger oder Profi: Der Ochsenkopf bietet für jeden die passende Piste

sicherheit und Superlative: Die Ferienregion wirbt mit der längsten technisch beschneiten Piste in den deutschen Mittelgebirgen – 2,3 Kilometer!

Nordpol lässt grüßen

Kein Wunder, dass die Schwebebahn an diesem Tag meist leer zurückfährt. Die Sportler, die auf den Gipfel wollen, haben jedoch nicht nur Bretter an den Füßen, sondern auch bunte »Baby-Schlitten«, wie es unser Sohn ausdrückt. Wir klären ihn auf, dass es sich um Schneeschuhe handelt – die wir eigentlich auch nur aus Dokumentationen über Eskimos kennen. Doch laut Werbeflyer liegt Schneeschuhwandern voll im Trend, und der Ochsenkopf bildet das dazugehörige Eldorado. Die kuriosen Treter aus leichtem Kunststoff kann man sich hier an mehreren Stellen ausleihen, z. B. in der Skischule Nordbayern, direkt am Parkplatz, oder in Braun's Skialm in der Ortsmitte von Bischofsgrün. Gemeinsam mit einem Wanderführer geht es dann durch unberührten Tiefschnee. »Ein Gefühl wie auf Wolken«, schwärmt einer der Touristen. Uns bleibt dieser besondere Spaziergang fernab geräumter Wege allerdings verwehrt, aus einem ganz banalen Grund: Die Füße der Kinder sind zu klein. Schuhgröße 35 müssten sie mindestens haben. Außerdem soll das Schneestapfen zwar wunderschön, aber sehr anstrengend sein. »Nach zwei Stunden mit diesen Schuhen fühlt man sich wie nach einem fünfstündigen Marsch«, wird uns erklärt.

Dann doch lieber Schlittenfahren. Der Rodelhang direkt neben der Schwebebahnstation genügt den Kindern völlig, um mit roten Bäckchen und Jubelrufen Winterfreuden zu erleben. Da hier Luftschläuche verboten sind, bleiben die gefürchteten Pistenrowdies aus. Dumm nur, dass der schwere Schlitten immer wieder hochgezogen werden muss. Da haben es die Kinder auf Skiern leichter, für sie und alle Anfänger gibt es am Übungshang hinter der Skischule einen Lift mit Griffen auf niedriger Höhe. Für sechs Euro am Tag bringt er die Kleinen immer wieder nach oben, und sie können zeigen, ob sich der Skiunterricht gelohnt hat. Gelehrt wird in der Skischule Nordbayern übrigens nach der Kurzski-Methode, die der bereits verstorbene Bischofsgrüner Martin Puchtler in den 60er-Jahren erfunden hat. Dabei werden die Skier an jedem Unterrichtstag etwas länger – eine Trainingsart, die es bis in die USA geschafft hat.

Eine ganz andere Attraktion macht Bischofsgrün ebenfalls bekannt: Jakob – der größte Schneemann Deutschlands. Seit über 25 Jahren wird er zur Faschingszeit auf dem Platz vor der Kirche aufgebaut. Acht Einheimische hatten damals die Idee, und ebenso viele Freiwillige vollbringen Jahr für Jahr eine technische Meisterleistung. Bis zu 30 Lastwagenladungen Schnee werden zusammengekarrt, um sie mit schwerem Gerät in die richtige Form zu bringen. 2006 erreichte Jakob mit 12,36 Metern Höhe, einem Umfang von 32 Metern und einem elf Meter langen Schal seine bislang größten Maße. Immer am Rosenmontag feiern die Bischofsgrüner ihr »Schneemannfest« mit Kinderprogramm, Fackelzug und Musik bis in die Nacht. Wie groß und dick Jakob dann ist, kommt allein darauf an, wie fleißig Frau Holle war. Denn im Gegensatz zu den Skipisten am Ochsenkopf gibt es für den XXL-Schneemann keine Unterstützung aus der Steckdose.

Claudia Sebert

Drei Brüder mit Napoleonshut 16

Ausflug zum größten Felsenlabyrinth Europas. Mitten im Fichtelgebirge, bei Wunsiedel, durch Felsenschluchten klettern und beeindruckende Aussichten genießen.

Tourist-Information, Jean-Paul-Str. 5, 95632 Wunsiedel, Tel. 0 92 32/60 21 16, www.wunsiedel.de/tourismus/felsenlabyrinth-luisenburg
Öffnungszeiten des Labyrinths: Apr–Mitte Nov 8.30–18.00, Festspielzeit (Juni–Aug) bis 19.00. Eintritt: Kinder bis 6 Jahre kostenlos, Kinder/Jugendl. 1,50 €, Erwachsene 4 €, Gruppen 3 €/Pers., Familienkarte 9 €. Audioführer und Führungen gegen Aufpreis.

März–Okt.

Ca. 2 Std.

Um das ganze Labyrinth zu durchwandern, sollten die Kinder gut laufen können. Nicht kinderwagentauglich, teils auch mit Tragetuch oder Rückentrage schwierig, da man immer mal wieder durch sehr schmale, niedrige Felsspalten klettern muss. Alternativ kann auch nur ein Teil des Labyrinths erkundet werden.

ÖPNV: Mit der Bahn bis Marktredwitz, Buslinie 7610 bis Wunsiedel, leider keine Busverbindung zum Felsenlabyrinth. *Kfz:* A 9, Ausfahrt Bad Berneck, B 303 bis Wunsiedel (ausgeschildert), Parkplätze vorhanden (Parkgebühren).

Festes Schuhwerk tragen, Getränke und Brotzeit mitnehmen – es sind zahlreiche Rastplätze vorhanden. Ein Highlight sind im Sommer die Luisenburg-Festspiele auf der einzigartigen Naturbühne. Auskünfte bei der Tourist Information Wunsiedel und unter www.luisenburg-aktuell.de

Goethes Verwitterungstheorie

Niemand Geringerer als Johann Wolfgang von Goethe beschäftigte sich als einer der Ersten mit der Frage nach der Entstehung der riesigen Granitsteinformationen des Felsenlabyrinths. Bereits 1785, als er die Felsenlandschaft um die ehemalige Luxburg erstmalig besuchte, vertrat er die damals fast schon revolutionäre Theorie, dass sich das Gesteinsmeer aufgrund schleichender natürlicher Verwitterungsvorgänge herausgebildet haben muss. Heute sind Goethes Vermutungen über die 300 Millionen Jahre alten Felsbrocken wissenschaftlich belegt. Um 1800 entschloss man sich, aus der Felsenwildnis einen bürgerlichen Landschaftsgarten zu gestalten. Zu Ehren der jungen preußischen Königin erhielt das Gebiet den Namen »Luisenburg«. Elemente aus Felsen und Stein, die man auf einem Rundweg erkunden kann, wurden durch Inschriften in Szene gesetzt oder den natürlichen Gesteinsformationen hinzugefügt, und es wurden Wege durch das Labyrinth angelegt.

Wir werden heute auf Goethes Spuren wandeln, denn auch 200 Jahre nach der Erschließung des gigantischen Felsengartens sind die Menschen beeindruckt von den außergewöhnlichen Gesteinsbrocken und verwinkelten Gängen durch riesige Felswände. Wie in einem Labyrinth fühlen wir uns in der Tat bereits während der ersten paar Meter, nachdem wir den Alten Theaterplatz passiert haben und nun etwas ratlos vor den riesigen Granitsteinfelsen stehen. Vielleicht hätten wir uns an der Kasse doch einen Wegführer geben lassen sollen? Egal – wir schließen uns den Spaziergängern vor uns an und steigen linker Hand eine Treppe hinauf.

Luise prägt das Labyrinth

Die *Tränengrotte* hier oben soll an die viel zu jung verstorbene Königin Luise erinnern. Ein Felsenfenster lenkt den Blick auf den *Luisensitz*, den die preußische Adelige zu ihrem Lieblingsplatz im Felsenlabyrinth erkoren haben soll. Wir wandern weiter, klettern durch finstere Höhlen und winden uns durch enge Felsspalten. Erst jetzt entdecken wir den gelben Pfeil, der uns durch die mysteriöse *Wolfsschlucht* immer weiter steil nach oben leitet. Immerhin haben wir bis zum Gipfel des Bürgergartens etwa 100 Höhenmeter zu überwinden. Wie sich herausstellt, kennzeichnen die gelben Markierungen einen Nebenweg, der während der Luisenburg-Festspiele gesperrt ist. Der Hauptweg führt über blaue Pfeile, die u. a. am *Burgplateau* mit herrlicher Talsicht vorbeiführen. Hier sind auch Mauerreste der alten Losburg, auch Luxburg genannt, zu finden.

Spätestens beim *Goethefelsen* treffen dann aber alle Wanderer wieder zusammen und marschieren einträchtig den blauen Pfeil-

Blick auf die *Insel Helgoland*

spitzen nach. Wir studieren die zahlreichen in Stein gemeißelten Inschriften. Sie sind den eng mit der Geschichte der Luisenburg verbundenen prominenten Besuchern gewidmet, und ihnen zu Ehren tragen einige Felsen so aussagekräftige Namen wie *Ludwigsfelsen, Jean-Paul-Platz* oder *Luisenruh*.

Von der Burgschlucht bis zur Teufelstreppe

Der Weg durch die *Burgschlucht* verlangt uns wieder jede Menge Wendigkeit und Klettergeschick ab. Wie bei einer Berg- und Talfahrt verlaufen die verschlungenen Pfade hinauf und hinunter, schmale Felsspalten wechseln sich mit steilen, engen Treppen ab, und im Schatten der mächtigen Gesteinsbrocken wirken die Menschen wie Zwerge. Nicht nur die Kinder erleben hier ein echtes Abenteuer. Wir erreichen die *Dianenquelle*, die den äußersten Punkt unserer Gartenbegehung markiert. Nach einer kurzen Rast tasten wir uns weiter über Stock und Stein durch das erstaunliche Felsenmeer. Wenn wir geglaubt haben, dass die spektakulärste Passage schon hinter uns liegt, dann werden wir jetzt eines Besseren belehrt. Nicht umsonst nennt sich die folgende Strecke im kleinen Labyrinth *Teufelstreppe*. Mut und Geschick sind hier gefragt, bis wir schließlich über 30 schmale Stufen den höchsten Punkt des Berggartens erreichen. Hier, am Wendepunkt des Rundganges durch das Labyrinth, nutzen viele Wanderer den Rastplatz für eine kleine Pause. Auf dem *Bundesstein mit Kreuz* fühlen wir uns dem Himmel ein Stück näher und lassen uns von der weitreichenden Sicht ins Tal beeindrucken. Nun werden uns die roten Pfeile in Richtung Abstieg begleiten.

Die drei Brüder und der Napoleonshut

Der ehemalige Wunsiedler Bürgermeister Dr. Johann Georg Schmidt gilt als Gründer dieses bürgerlichen Landschaftsgartens. Ab 1811 übernahmen seine drei Söhne den weiteren Ausbau der Gartenanlage. Drei auffällig auf einem Felsen ruhende Steinblöcke stehen für die drei Brüder, deren Einfluss besonders auf dem kommenden Streckenabschnitt zur Geltung kommt. So ist die malerisch auf einem Hügel liegende Ruine Mariannenhöhe nicht etwa ein Überbleibsel aus mittelalterlichen Zeiten, sondern wurde 1815 von Florentin Theodor Schmidt als klassisches Gestaltungselement der damaligen Landschaftsgärten in das Felsengelände eingefügt. Das *Merck-Gärtchen*, das an einem herzförmigen Felsen mit Himbeersträuchern und Weidenröschen angelegt wurde, strahlt wiederum einen Hauch von Romantik aus. Aber auch die dubiosen und berüchtigten Schmugglergeschichten finden im Felsenlabyrinth ihren Platz. Speziell die *Insel Helgoland*, ein auf einem Felsen aufgesetzter und von Wasser umgebener Aussichtsturm, steht hier symbolisch für den Protest gegen die von Napoleon verhängte Kontinentalsperre. Denn über Helgoland wurde u. a. der Zuckerschmuggel organisiert. Kein Wunder also, dass auch eine Felsformation den Namen *Zuckerhut* trägt und ein besonders imposanter Steinbrocken mit *Napoleonshut* betitelt wird.

Mit dem Verlassen der *Insel Helgoland* steuern wir auch schon auf den Ausgang des Felsenlabyrinths zu. Ein idyllischer Weiher mit kleinem Wasserfall und ein Duschbad der ehemaligen Wasserheilanstalt in Alexandersbad bilden den erfrischenden Abschluss unserer abenteuerlichen Wandertour.

Sylvia Schaub

17 *Zehn angestaute Glücksgefühle*

Erst auf Stempeljagd im Labyrinth, dann mit den Buggys um den See und mit dem Tretboot zu einer kleinen Insel. Als Abschluss ein entspannender Spielplatzbesuch.

Wissenswertes zum Untreusee unter www.untreusee.de, Infos zum Labyrinth unter www.labyrinth-untreusee.de. Das Labyrinth hat Apr–Sep Mo–Fr 13.00–19.00 geöffnet, Wochenende, Fei, Ferien tägl. ab 10.00. Im Winter nur an den Wochenenden und in den Ferien 12.00–18.00. Witterungsbedingte Abweichungen möglich, Infos unter Tel. 0 92 81/1 60 61 01. Eintritt: Kinder bis 13 Jahre 6 €, Erwachsene 8 €, Familienkarte 19 €.

Die Runde um den Untreusee ist ganzjährig begehbar. Tretbootverleih Ostern–Okt.

Wer das Labyrinth in einem Zug durchschreitet, legt 2,6 km zurück. Dafür sollte man ca. 2 Std. einplanen. Die kleine Runde um den See ist 4,4 km lang und dauert im flotten Schritt mit Kind im Wagen gut 1 Std.

Der Irrgarten empfiehlt sich für Kinder ab dem Schulalter. Kleinkinder besser nicht unter den Holzwänden durchkrabbeln lassen, sie wiederzufinden dürfte schwierig werden. Die kleine Runde um den See können lauffreudige Kinder ab 4 Jahren bewältigen, ansonsten sind die Wege kinderwagentauglich.

ÖPNV: Mit der Bahn nach Hof, dann mit Buslinie 5 oder 8 zum Busbahnhof, von dort mit Linie 1 bis Untreusee. *Kfz:* Egal aus welcher Richtung man nach Hof kommt, stets gelangt man auf die Ernst-Reuter-Str. Ab hier ist der Untreusee gut ausgeschildert. Es stehen 3 kostenlose Parkplätze zur Verfügung.

Weitere Freizeitangebote: Kletterpark mit 111 Stationen, ab 6 Jahre und 1,20 m Körpergröße, www.kletterpark-untreusee.de Minigolfanlage am Fuß des Staudamms: Ostern–Ende Okt, tägl. 11.00–22.00, in den Ferien 10.00–22.00.

Grüner's Sommergaststätte direkt am See, geöffnet ab den ersten schönen Frühlingstagen bis Nov, tägl. 10.00–22.00, Tel. 0 92 81/5 82 61, www.untreusee.net
Hotel-Restaurant Seehaus, Wilhelm-Löhe-Str. 3, 95032 Hof, Tel. 0 92 81/54 06 53, www.seehaus-hof.de, Mo–Fr 6.30–22.00, Sa, So, Fei 8.00 – 22.00.

Auf dem Holzweg

Schon wieder so ein Brett vorm Kopf! Es sind ja auch genügend. 18 000 Stück, um genau zu sein, und sie alle verfolgen nur ein Ziel: uns in die Irre zu führen! Kurz überlegen: Was wissen wir noch? Wir sind heute Morgen aufgebrochen, um mit der ganzen Familie einen schönen Tag am Hofer Untreusee zu verbringen. Wir haben unser Auto auf einem der Parkplätze abgestellt und sind die paar Meter hinunter zum See geschlendert. Neben dem gut besuchten Kletterpark und dem von Kinderlachen erfüllten Abenteuerspielplatz entdeckten wir die neueste Attraktion dieses Naherholungsgebietes: das Labyrinth. Voller Elan haben wir den Irrgarten aus Bretterwänden betreten – und jetzt? Jetzt wissen wir gar nichts mehr! Im Kopf fahren die Gedanken Karussell: Wo bin ich? Wo komm ich her? Wo soll ich hin? Der Junior mit seinen vier Jahren fühlt sich noch als Herr der Lage. »Da entlang!«, befiehlt er entschlossen, und wir trotten dankbar auf weichen, angenehm harzig duftenden Hackschnitzeln hinterher, bis wieder so ein ungehobeltes Brett seiner Euphorie ein Ende setzt. Mist, Sackgasse! Eine geschlagene Stunde irren wir schon umher und sind dem Ziel des Spieles trotz abgelaufener Kilometer keinen Schritt näher. Denn die Stempelkarten in unseren Händen sehen noch genauso weiß aus, wie sie uns die freundliche Frau an der Kasse mitgegeben hat. Die Aufgabe lautet, auf dem 2200 Quadratmeter großen Areal vier Stempel zu finden – und zwar schnell. Eine Stechuhr am Kassenhäuschen vermerkt die Startzeit. So können zum Beispiel Kinder gegen ihre Eltern spielen. »Meist gewinnen die Kinder«, erzählt die Frau an der Kasse. Doch bei uns scheint weder Groß noch Klein den richtigen Orientierungssinn zu haben. Und das, obwohl wir immer wieder die Aussichtsplattform in der Mitte des Labyrinths aufsuchen, um uns einen Überblick zu verschaffen. Von dort oben sieht alles ganz einfach aus. »Probieren wir's doch mal in dieser Richtung«, planen wir zuversichtlich. Doch kaum unten angelangt, hat uns das Gänge-Wirrwarr vollends durcheinandergebracht.

Wo bin ich? Das Labyrinth am Untreusee sorgt für verwirrenden Verirrspaß auf Holzwegen

Nun verliert sogar der eifrige Sohn seinen Enthusiasmus, und wir beschließen, anstatt Stempeln etwas anderes zu suchen: den Ausgang. Den finden wir zumindest sehr schnell – Glücksgefühl Nummer eins. Unser Fazit: Mit mehr Geduld und älteren Kindern – am besten im Schulalter – lassen sich auch auf Holzwegen dicke Bretter bohren. Zwei, drei vergnügliche Stunden bringt das allemal. Was Besonderes ist's in jedem Fall.

Doch jetzt haben wir genug vom Verirren und freuen uns auf einen Spaziergang um den Untreusee – ohne Sackgassen. Da sind wir nicht die Einzigen. Die ebene Strecke ist reizvoll, weil sie direkt am Wasser verläuft und man den 60 Hektar großen See ganz umrunden kann. Außerdem hat man die Wahl zwischen einer sechs Kilometer und einer 4,4 Kilometer langen Wegstrecke. Wir stellen jedoch bald fest, dass für unsere Kinder im Vorschulalter schon die kürzere Runde zu lang ist. Also rein in die Buggys, und wir können in Ruhe die Wanderung genießen. Glücksgefühl Nummer zwei.

Der Fendt im See

Nach einer Weile wird jedoch genörgelt. Gegen Nörgeln hilft Erzählen. Wer hätte gedacht, dass dieser große See, der sich herrlich in die hügelige Landschaft einfügt, vor dreieinhalb Jahrzehnten noch gar nicht da war? 1976 wurden hier im Tal der Ölsnitz, das zum Hofer Stadtgebiet gehört, mehrere Bäche gestaut, um ein Naherholungsgebiet zu schaffen. Gespeist wird der Stausee vom Untreubach, daher der Name. Als wir mit den Buggys den 316 Meter langen Staudamm befahren, machen die Kinder große Augen. »Hier waren früher Felder mit Traktoren?«, fragt der Kleine ungläubig und deutet aufs Wasser. »Und was ist jetzt mit den Traktoren?« Schon faszinierend, wie Menschen die Landschaft umgestalten können.

Vorbei an einem der vielen Badestrände und an den gut belegten Holzterrassen, auf denen die Sonnenanbeter brutzeln, erreichen wir die Bootsstege. Wir sehen Segelschiffe, Surfbretter und Kanus. Die Kinder fühlen sich von den bunten Tretbooten angezogen, sodass wir den See nun auch von der Wasserfläche aus erkunden. Mit Muskelkraft nähern wir uns der einzigen, sehr kleinen Insel, die unweit der Staumauer herausspitzt. Vielleicht hätten wir sie übersehen, stünde darauf nicht die übermannsgroße Windskulptur des Wormser Künstlers Hans-Michael Kissel. Ihre filigranen Aluminiumflügel schweben sanft auf und nieder und zeigen bei längerer Betrachtung meditative Wirkung. Das leichte Schaukeln unseres Bootes tut sein Übriges. Glücksgefühl Nummer drei.

Doch unser »Piratenschiff« muss wieder zurück, und auch uns zieht es allmählich in die Sommergaststätte bei der Bootsanlege-

Der Hofer Untreusee lockt mit Freizeitangeboten für die ganze Familie

stelle. Ausgerüstet mit Pommes und Würsten lassen wir die Füße vom Holzsteg aus ins Wasser baumeln. Auf der Oberfläche spiegeln sich der Himmel und unsere Gesichter – Glücksgefühl Nummer vier. Nebenan planschen Kinder, und manche nutzen das Hausdach der Wasserwacht als Sprungturm. An den Wochenenden von Mai bis September behalten die Rettungsschwimmer von hier aus die Badegäste im Auge. Schließlich ziehen die bekiesten Strände und Liegewiesen an heißen Tagen Tausende an. Einen Hundebereich gibt es ebenso wie einen FKK-Strand, einen Beachvolleyball- und Basketball-Platz, Umkleidekabinen und öffentliche Grillplätze.

Die entscheidenden zehn Zentimeter

Mit Kindern fühlen wir uns in der Nähe des großen Abenteuerspielplatzes am besten aufgehoben. Dieser liegt zwar direkt am See, doch wir können entspannt auf der Decke sitzen bleiben (Glücksgefühl Nummer fünf, sechs und sieben), da große Steinbrocken kleine Forscher vom Wasser fernhalten. Ältere Kinder tauchen in der flachen Bucht nach bunten Steinchen oder rutschen mit Gebrüll ins kühle Nass. Anziehungspunkt des Spielplatzes und deshalb dicht umlagert ist die Seilbahn, mit der sich die Kinder von der Kletterburg zum Piratenausguck fahren lassen können. Das Witzige: Ein paar Meter Luftlinie entfernt tun es ihnen die Großen mit Bauchkribbelgeschrei gleich. Allerdings sausen sie nicht über Spielplatzsand, sondern frei übers Wasser – die größte Attraktion des nebenan gelegenen Kletterparks. Im schattigen Fichtenwald kann man hier auf über 20 000 Quadratmetern hemmungslos den Tarzan machen. Allerdings erst ab einer Körpergröße von 120 Zentimetern. Unser Großer misst gerade mal 110 Zentimeter – Glücksgefühl Nummer acht, neun, zehn. Denn der reibt sich nach diesem erlebnisreichen Tag ohnehin kräftig die Augen. Sachte rollt unser Auto vom Parkplatz in die beginnende Nacht – die Kinder schlafen.

Claudia Sebert

Stadt ohne Grenze 18

Kunterbunter Ausflugstag im Freizeitpark Villeneuve-sur-Lot, mit Abenteuerspielplatz, Strandbereich und Sportareal sowie Wanderung auf den Neustädter Hausberg mit fantastischem Ausblick.

Freizeitpark Villeneuve-sur-Lot, Am Moos, 96465 Neustadt b. Coburg, Tel. 0 95 68/85 90 92, www.neustadt-bei-coburg.de/tourismus/freizeiteinrichtungen/freizeitpark, Mai–Sep 8.00–22.00, Okt–Apr 9.00–20.00 (witterungsabhängig). Eintritt frei. Tourist-Information, Georg-Langbein-Str. 1, 96465 Neustadt b. Coburg, Tel. 0 95 68/81-1 32 oder -1 39.

Ganzjährig möglich (siehe auch Wintertipp!).

Im Freizeitpark Villeneuve-sur-Lot kann man bei schönem Wetter auch mal den ganzen Tag verbringen. Wanderung Muppberg, ab Schützenplatz: 2,4 km, 1–1 ½ Std. (weitere Wanderrouten auf dem Muppberg möglich).

Für jedes Alter geeignet. Im Freizeitpark haben auch die Kleinsten schon viel Spaß. Wanderung Muppberg: Nur teilweise kinderwagentauglich, eine abgeänderte Wanderroute zur Arnoldhütte mit Kinderwagen ist aber möglich.

ÖPNV: Mit der Bahn bis Neustadt b. Coburg, Stadtbus A 1 Blaue Linie bis Freizeitpark bzw. Grüntal. *Kfz:* A73, Ausfahrt Rödental, St 2202 bis Neustadt b. Coburg, Parkplätze vorhanden.

Seecafé Villeneuve-sur-Lot, Am Moos, 96465 Neustadt b. Coburg, Tel. 0 95 68/8 91 84 79, Mo Ruhetag.
Arnoldhütte auf dem Muppberg, Tel. 0 95 68/59 17, Öffnungszeiten tel. erfragen; hier erhält man auch den Schlüssel für den Prinzregententurm.

Fränkischer Freizeitspaß mit französischem Flair

»Villeneuve-sur-Lot« klingt wunderbar französisch. Wer hätte gedacht, dass sich der Park mit gleichem Namen direkt vor der fränkischen Haustüre befindet? Ganz im Nordosten von Bayern liegt die »Bayerische Puppenstadt« Neustadt bei Coburg. Und hier hat die südfranzösische Partnerstadt Villeneuve-sur-Lot dem zentralen Freizeitpark ihren Namen geliehen.

Wir beginnen unseren Ausflug vor dem Haupteingang des rund 40 000 Quadratmeter großen Spiel- und Erholungsgeländes. Definitiv hat dieser Park ein besonderes Flair. Neben uns plätschert der Canale Piccolo, ein kleiner Bach, der durch diverse Holzbrücken mit den gegenüberliegenden Bereichen des Parks verbunden ist. Vom Eingang aus erreicht man in wenigen Schritten das Event- und Veranstaltungszentrum der Einrichtung, die Seebühne. Zahlreiche Holztische und -bänke bieten den erwartungsvollen Zuschauern Platz, um das bunte Treiben auf der Bühne aus nächster Nähe zu verfolgen. Bunte Spielelemente in Apfel- oder Birnenform bieten sich zum Klettern an, und neben der Seebühne haben Schach- und Damespieler das Sagen. Das gemütliche *Seecafé* verführt fast das ganze Jahr über zu kleinen Erfrischungen, und von hier aus können wir auch bereits das muntere Spielen zahlreicher Kinder auf der anderen Seite des Sees beobachten.

Piraten-Alarm

Das wollen wir uns nicht entgehen lassen. Wir überqueren die Brücke, um den großzügigen Spielbereich einmal genauer unter die Lupe zu nehmen. Eine gefährliche Schlucht lädt uns zum Klettern ein, oder wir können uns auf einer wackeligen Hängebrücke über die Felsen schwingen. Im Hintergrund herrscht an der Riesenröhrenrutsche Dauerbetrieb, und rechter Hand regt ein gestrandetes Segelschiff mit allerlei Kletterelementen zu ausgiebigen Piratenspielen an. Der mit Sand gefüllte Spielbereich bietet auch eine Wasserspielstelle, sodass im Sommer hier herrlich gematscht und gepanscht werden kann. Mit einem Floß können sich die spielenden Kinder ein Stück über das Wasser ziehen – Baden ist hier allerdings nicht erlaubt. Was aber das Vergnügen nicht schmälert, zumal auf der anderen Straßenseite des Freizeitparks das Märchenbad zum zauberhaften Badespaß lockt. Ein winziger Sprung über den schmalen Wasserlauf, der durch eine Wasserpumpe gespeist wird, und wir befinden uns auf einem

Villeneuve-sur-Lot: Spiel und Spaß ohne Grenzen

weitläufigen Rasenbereich mit weiteren Spielelementen. Hier wird mit Wippfiguren, Fahrzeugen, Schaukeln und Sandspielbereich vor allem an die kleineren Gäste gedacht. In den überdachten Holzbauten mit Tisch und Bänken können die Eltern ihre Sprösslinge beim Spielen beobachten und selber in Ruhe ihr Picknick genießen.

Ruhe-Oasen und Sportlerparadies

Der Park lässt sich über den breiten Hauptweg, der auch als Walking-Strecke fungiert, komplett umrunden, und wir passieren eine heimelige Gartenecke, die, abgegrenzt von einer Hecke, wunderbar zum Relaxen einlädt. Auf zahlreichen Bänken kann man in Ruhe ein Buch lesen oder sich einfach an den Farben der Blumen erfreuen. Ein Kneippbecken soll zum gesunden Wassertreten animieren, und direkt nebenan sorgt ein beruhigend plätschernder Quellstein für eine erholsame Atmosphäre. Auf einer weiteren ausgedehnten Rasenanlage kann man sich per Seilbahn über die Grünfläche schwingen, und auf dem kleinen Hügel bietet sich ein herrlicher Rundblick über den gesamten Park. Im Winter sausen die Kinder den Berg bei entsprechender Schneelage mit dem Schlitten hinab. Weitere Themengärten mit Bänken laden zum Verweilen ein. Der

Der Freizeitpark lockt mit Piratenabenteuern und Planschvergnügen

abwechslungsreiche Park bietet aber nicht nur Spaß, sondern vermittelt auch Wissen. Am Wegesrande machen uns Schautafeln auf Singvögel, heimische Schmetterlinge und Blühendes in Feld und Wiesen aufmerksam, und im Insektenhotel können wir verschiedenste Kleinlebewesen beobachten. Nun treten wir in die Welt des Sports ein. Am anderen Ufer des Sees haben wir die Möglichkeit, unser Können auf Volleyballfeldern, auf dem Fußballplatz oder beim Basketballspielen unter Beweis zu stellen. Der große Hartplatz für Streetball und Inline-Hockey kann im Winter auch als Eislauffläche genutzt werden. Ein Traum-Areal für Skater rundet das umfangreiche Sportangebot ab.

Auf zur Hütt'n

Wir verlassen nun allerdings das reizvolle Gelände, denn wir möchten heute noch den Muppberg besteigen. Der 516 Meter hohe Muppberg überragt im Osten die Stadt und ist ein kleines, aber feines Wandergebiet. Ziel sind meist die auf dem Berg gelegene *Arnoldhütte* und der Prinzregententurm, von dem aus man einen fantastischen Rundumblick bis ins benachbarte Thüringen haben soll. Wir starten unsere Wanderung am Schützenplatz und folgen dem Wegweiser *Prinzregententurm* den Hermann-Löns-Weg hinauf. Hinter der *Gaststätte Grüntal* biegen wir links in den Wald ein. Von hier aus gibt es Wanderrouten mit verschiedenen Längen und Schwierigkeitsgraden, die den Muppberg hinauf- oder um ihn herum führen. Wir entscheiden uns für den Breiten Weg, der gut ausgebaut und auch mit Kinderwagen befahrbar ist. Der Kiesweg windet sich sanft den Berg hinauf, und immer wieder genießen wir den weiten Blick in das Tal. Nach ca. einem Kilometer erreichen wir einen Steinpavillon, hinter dem sich der Weg gabelt. Wir wenden uns nach links Richtung *Arnoldhütte*. Keine 100 Meter weiter fordert der Weg eine weitere Entscheidung von uns. Wir können den bequemeren, aber auch längeren Weg über den Kies oder die nur 300 Meter kurze, aber steilere Passage durch den Wald zur *Arnoldhütte* wählen. Da der Hunger uns treibt, kraxeln wir wie die Bergziegen den Waldweg hinauf (nicht für Kinderwagen geeignet).

Blick auf die ehemalige Grenze

Oben werden wir mit einer fantastischen Aussicht auf Neustadt belohnt. Direkt hinter der *Arnoldhütte* entdecken wir den Prinzregententurm (geringe Gebühr), der aber leider für uns heute nicht zugänglich ist. Von oben kann man auch in die thüringische Nachbarstadt Sonneberg schauen, die vor der Grenzöffnung noch zum anderen Teil Deutschlands gehörte. Eine Schneise im Wald lässt heute noch den ehemaligen Grenzverlauf erkennen. Wir kehren nun in der *Arnoldhütte* ein und sammeln in der gemütlichen Gaststube bei einer deftigen Mahlzeit wieder neue Kräfte für den Abstieg. Hier kann man sich an einer Bauernschinkenplatte ebenso erlaben wie an Bratwurst mit Kraut oder Leberkäs mit Bratkartoffeln und Spiegelei. Neben der tollen Fernsicht und den leckeren Gerichten gibt es auch Spielzeug, Malbücher oder Familienspiele, um sich die Zeit auf der Hütte zu vertreiben. Auf dem Rückweg in die Stadt geht es, frisch gestärkt, fast doppelt so schnell voran wie zuvor. Am Fuße des Berges befindet sich eine herrliche Naturrodelbahn, sodass auch die Kinder im Winter am Muppberg ihre Freude haben.

Sylvia Schaub

Wintertipp!
Rodelhügel und Eislaufplatz im Freizeitpark Villeneuve-sur-Lot (bei entsprechender Witterung).
Lange Naturrodelbahn am Muppberg.

19 *Weihnachtstraum und Spielzeugparadies*

Besuch des Museums der Deutschen Spielzeugindustrie und des Historischen Weihnachtsmuseums in der Alten Weihnachtsfabrik in Neustadt b. Coburg.

Museum der Deutschen Spielzeugindustrie, Hindenburgplatz 1, 96465 Neustadt b. Coburg, Tel. 0 95 68/56 00, www.spielzeugmuseum-neustadt.de, Di–So 10.00–17.00 (letzter Einlass 16.15). Eintritt: Erwachsene 3 €, ermäßigt 1,50 €, Gruppen-/Familienkarten und Führungen möglich. Zeitweise Aktionen wie »Museum mit Genuss« (Eintritt, Führung, Kaffee und Kuchen).
Historisches Weihnachtsmuseum in der Alten Weihnachtsfabrik, Sternenweg 2, 96465 Neustadt b. Coburg, Tel. 0 95 68/8 91 93-0, www.inge-glas.de, Mo–Fr 9.30–18.00, Sa 9.30–17.00, Nov/Dez bis 19.00, Sa bis 18.00, Eintritt bitte tel. erfragen.

Ganzjährig (siehe auch Weihnachtstipp!).

2–3 Std.

Für alle Kinder, die Puppen, Teddys und glitzernde Weihnachtskugeln lieben.

ÖPNV: Mit der Bahn bis Neustadt b. Coburg, Stadtbus A 1 Blaue Linie bis Thüringer Str./Museum. *Kfz:* A 73, Ausfahrt Rödental, St 2202 bis Neustadt b. Coburg, Parkplätze vorhanden.

Bistro in der Alten Weihnachtsfabrik, exklusive Kaffeespezialitäten und Tees sowie hausgebackener Kuchen und kleine Speisen.

Puppen aus aller Welt

»Mit den Wimpern klimpern.« Wer einmal die hochkomplexe, aber faszinierende Herstellung der Porzellan- und Papiermachépuppen

In der Zwergenwerkstatt: die Wichtel als Puppenkopfmaler

im Museum der Deutschen Spielzeugindustrie verfolgt hat, kann sich bildlich vorstellen, wie gut diese Redewendung zum Kunsthandwerk der regionalen Puppenmacher passt. Vom Haarschopf bis zu den glänzenden Glasaugen und den naturgetreuen Wimpern wurde in früheren Zeiten jedes Detail einer Puppe von verschiedenen Spezialisten ihres Berufes liebevoll gestaltet und zusammengesetzt.

Erst seit 1988 existiert das Museum in seiner jetzigen Form, aber bereits 1930 hatte man das Ziel, interessierten Bürgern die in Neustadt gefertigten Puppen und Spielwaren über eine Ausstellung nahezubringen. Da die wirtschaftliche Lage schlecht und die Arbeitslosenquote sehr hoch war, arbeitete man einen ganz besonderen Marketingplan aus. Man produzierte in Neustadt einheitliche, 40 Zentimeter große Puppenkörper und verschickte diese nackt, um sie von den Empfängern originalgetreu bekleiden zu lassen. Die sogenannten Sponsoren, wie beispielsweise Herzogin Viktoria Adelheid von Sachsen-Coburg-Gotha, stifteten die Kleider bzw. Trachten für die entsprechenden Puppen und sendeten sie bekleidet wieder nach Neustadt zurück. Diese Idee war nicht nur originell, sondern auch sehr erfolgreich, und die 1300 Exemplare umfassende Trachtenpuppensammlung ist heute ein einzigartiges Juwel. Denn nicht nur Trachten aus den umliegenden Regionen fanden den Weg ins Neustädter Museum, die Puppen reisten vielmehr auch um die ganze Welt. Nicht wenige Puppen gingen dabei zu Bruch, wurden in den jeweiligen Ländern aber mit Hingabe in Originalgröße nachgebaut und mit detailgetreuer Regionaltracht versehen wieder nach Deutschland verschickt. Etwa 800 dieser Kostbarkeiten sind heute im Ausstellungsraum *Trachtenpuppen* zu bestaunen.

Von Augenglasmachern und Puppenkopfmalern

Heute versteht sich das Museum vor allem als technisches Museum, das sich mit der Herstellung und Entwicklungsgeschichte von Spielzeug beschäftigt, von der Holzgestaltung bis hin zur Kunststoffverarbeitung. Immerhin war die fränkisch-thüringische Produktion über viele Jahrhunderte hinweg das europäische Zentrum der Spielwarenindustrie schlechthin. Der linke Ausstellungsraum im Erdgeschoss bietet einen Überblick über die verschiedenen Berufsbilder und Materialien in Form von nachgestellten Werkstätten. So können wir uns die Arbeitsbereiche von Drechsler, Holzschnitzer, Papiermaché-Drücker oder Papiermaché-Gießer vor Augen führen und in den zugehörigen Vitrinen die einzelnen Arbeitsschritte nachvollziehen. Wie sind die Materialien verarbeitet worden? Welches Zubehör wurde für die jeweilige Technik benötigt? Mit der Darstellung der Kunststoffverarbeitung endet der erste Ausstellungsbereich.

Nachdem wir hier die Herstellung der sogenannten Roh- und Halbfertigungsprodukte kennengelernt haben, betreten wir ein Stockwerk darüber die Welt der Zulieferer und Weiterverarbeiter. Wer gedacht hat, dass ein Puppenmacher eine komplette Puppe von A–Z fertigt, wird nun eines Besseren belehrt. Die ganze Bandbreite der Spezialberufe rund um die Puppenmacherei kommt hier zum Tragen. So bekommen wir einen Eindruck von den Tätigkeiten des Augenglasbläsers, des Puppenkopfmalers oder des Puppenhutmachers. Auch die Bereiche Verpackung und Zulieferung werden in den übersichtlichen Vitrinen anschaulich dargestellt. Dem Berufsbild des Bossierers, der vom winterlichen Nebenberuf bis zum ganzjährigen Hauptberuf die Industrialisierung vorangetrieben hat, ist ein weiterer Teil in diesem Ausstellungsraum gewidmet. Beim Bossieren wurde ein Holzkern mit einer plastischen Masse überzogen, um dem Spielzeug ein natürlicheres Aussehen zu verleihen. Einzelne Figuren wie Halloween-Geister oder Thanksgiving-Truthähne wurden sogar speziell für Amerika produziert. Saisonartikel nebst Christbaumschmuck, der ebenfalls zum Spielwarenbereich gehört, runden die Sammlung ab.

Trachtenpuppenausstellung: arabische Trachten um 1932

Eine Werkstatt für den Weihnachtsmann

Im Untergeschoss des Kindermuseums wird das Thema Spielzeugherstellung unter dem Motto *Die Werkstatt des Weihnachtsmannes* ausdrucksvoll und kindgerecht in Szene gesetzt. Kleine, geschäftige Zwerge werkeln hier als Glasbläser und Puppenmacher, um die Weihnachtsgeschenke für den Weihnachtsmann rechtzeitig fertigzustellen. Außerdem ziehen weitere Puppenszenerien, wie ein historisches Weihnachtszimmer, das Neustädter Kinderfest oder die Darstellung des Märchens *Dornröschen*, nicht nur Kinderaugen in ihren Bann.

Im Erdgeschoss können wir schließlich die Ausstellungsstücke der jeweiligen Sonderausstellung begutachten, wobei das Thema dieser Wechselausstellungen vier- bis fünfmal im Jahr geändert wird und nicht zwangsläufig mit Spielwaren zu tun haben muss. Auch Kunst- und Bilderausstellungen gehören zum regelmäßigen Repertoire des Museums. Ein besonderes Highlight ist jedes Jahr das Puppenfestival, u. a. mit einer Künstlerpuppenausstellung moderner, zeitgenössischer Figuren. Im Foyer begegnen wir noch einer übrig gebliebenen Dame aus Pappmaché, die zum letztjährigen Thema *Tugendhaft und Lästerlich* modelliert wurde.

Süßer die Glocken nie klingen …

Unsere zweite Station führt uns heute in das Historische Weihnachtsmuseum in der Alten Weihnachtsfabrik. Neben einem riesigen Geschenke-Shop, in dem man das ganze Jahr über Christbaumschmuck und -kugeln in allen bunten Farben und Formen erstehen kann, können wir uns im Obergeschoss über die Geschichte und Bedeutung der weihnachtlichen Traditionen und Ausdrucksformen informieren. Welcher Stellenwert kam dem deutschen Weihnachtsbaum im 19. Jahrhundert zu, und wann gab es die ersten Hinweise auf einen Christbaumständer? Auf großformatigen Tafeln erfahren wir in Deutsch und Englisch spannende Details über das Weihnachtsfest im Laufe der Jahrhunderte. Es werden die politischen Einflüsse in der Wilhelminischen Ära oder zu Zeiten des Nationalsozialismus darauf ebenso beleuchtet wie die regionalen wirtschaftlichen und soziologischen Aspekte, und auch das Thema Weihnachten in der Pop-Kultur und Werbung wird nicht ausgespart. Besonders anschaulich können wir anhand lebensgroßer Szenerien und kurzweiliger Erzählungen aus Sprechboxen den Werdegang der Christbaumkugeln nachvollziehen. So tauchen wir ein in den Alltag der Hausindustriellen, die mit ihren Familien in Gemeinschaftsarbeit die Glaskugeln für die Weihnachtszeit geblasen und versilbert haben, verfolgen die Geschäfte der Exportindustrie bis Mitte des 20. Jahrhunderts und erleben die Etablierung der glitzernden Kugeln am amerikanischen Weihnachtsbaum. Die ergreifende Lebensgeschichte von Heinz Müller-Blech, der nach dem Zweiten Weltkrieg als junger Glasbläser von Lauscha nach Neustadt flüchtete und hier bis heute die Christbaumkugelherstellung prägt, bildet einen eindrucksvollen Abschluss. Seine Frau gab dem Unternehmen Inge-Glas übrigens ihren Namen.

Sylvia Schaub

Weihnachtstipp!
Die Alte Weihnachtsfabrik: Acht Wochen vor Weihnachten immer sonntags Glaskugelblasen für Kinder ab fünf Jahre!

Fischer, Fischer, wie tief ist das Wasser? 20

Lehrreicher und illustrativ untermalter Rundgang quer durch Bamberg an der Regnitz entlang. 21 Schautafeln informieren über das Wechselspiel von Stadt und Fluss im Laufe der Jahrhunderte. In den Stadtspaziergang integrieren lässt sich eine spannende Hafenrundfahrt.

Bamberg Tourismus & Kongress Service, Geyerswörthstr. 5, 96047 Bamberg, Tel. 09 51/29 76-2 00, www.bamberg.info, Mo–Fr 9.30–18.00, Sa 9.30–16.00, So, Fei 9.30–14.30 (bis auf 01.11., 25./26.12., 01.01. und Karfreitag), Infos auch unter www.flussparadies-franken.de/regnitzinbamberg/flusspfad
Personenschiffahrt Kropf GmbH & Co. KG, Kapuzinerstr. 5, 96047 Bamberg, Tel. 09 51/2 66 79, www.personenschiffahrt-bamberg.de, Mai–Okt 11.00–16.00, immer zur vollen Stunde. Abfahrt am Kranen, Kinder (3–13 Jahre) 5 €, Jugendl. (14–17 Jahre) 6 €, Erwachsene 9 €.

Der Flusserlebnispfad ist durchgängig begehbar.

4 km Rundweg und 80 Min. Hafenrundfahrt.

Flache, ausgebaute Strecken, auch mit Kinderwagen befahrbar. Kinder jeden Alters werden ihre Freude an dem Rundgang und erst recht an der Hafenrundfahrt haben.

ÖPNV: Mit der Bahn bis Bamberg, kurzer Fußweg in die Innenstadt. *Kfz:* A 73 bis Bamberg, Parkplätze rund um die Innenstadt sind vorhanden.

Bei der Tourist-Information kann man für 1 € einen Kinder-Erlebnisführer mit Rätseln zum Flusspfad erwerben. Gegen Kaution kann man sich zudem einen Erlebnis-Rucksack beim Jugendamt der Stadt Bamberg ausleihen: Geyerswörthstr. 1, Rathaus Geyerswörth, 96047 Bamberg, Tel. 09 51/87 15 43, www.jugendamt.bamberg.de

Lebensader Regnitz

Noch während wir die Tourist-Information verlassen, studieren wir bereits unseren Flusspfad-Erlebnisführer für Kinder und Familien. Jetzt aber nur nicht verwirren lassen! Auch wenn in dem kleinen Heft der Schiffsbauplatz als erste Station vermerkt ist, muss niemand erst bis an das nördliche Ende des Flussrundganges laufen. Hinter dem Informationszentrum, direkt an der Regnitz, steht nämlich eine große Übersichtstafel, die auch als Startpunkt unserer heutigen Erlebnistour dient. Und dabei dreht sich alles ums Wasser. Um das Wasser der Regnitz im Speziellen und darum, welchen Einfluss es im Laufe der Jahrhunderte in Bamberg hatte. Auf unserer kleinen Flusserlebnisreise quer durch die Bamberger Innenstadt werden wir übrigens von Kunigunde begleitet. Kunigunde ist die Stadtheilige in Bamberg und löchert die Kinder bei jeder Station mit kniffligen Fragen.

Am gegenüberliegenden Regnitz-Ufer blicken wir auf einige Häuser, die ab dem 14. Jahrhundert als Gerbereien fungiert haben. Zur Verarbeitung der tierischen Häute zu Leder benötigten die Gerber u. a. große Mengen Wasser, das sie aus dem nahegelegenen Fluss schöpfen konnten.

Wir laufen rückseitig an den Mauern des Geyerwörther Schlosses entlang und folgen dem Weg in eine 180-Grad-Biegung. Vor dem linken Regnitz-Arm werfen wir einen Blick auf die dritte Hinweistafel, die unsere Aufmerksamkeit auf das außergewöhnliche Brückenrathaus lenkt, das auf einer Insel mitten im Fluss steht. Nach der Überquerung des vor uns liegenden Steges halten wir uns rechts und biegen an der zweiten Möglichkeit wieder rechtsseitig ab, um auf die Untere Brücke zu gelangen. Hier überragt uns die heilige Kunigunde als überlebensgroße Statue und wacht über Fluss und Stadt. Von der Brücke aus können wir bereits einen Blick auf den Kranen werfen, der bis 1912 den Hafen von Bamberg bildete.

Eine Flussfahrt, die ist lustig

Heute haben Ausflugsschiffe hier ihren Anlegeplatz, und wir nutzen die Gelegenheit für eine Hafenrundfahrt. Ganz romantisch schippern wir flussabwärts an den Häusern von Klein-Venedig vorbei, wo ab dem 19. Jahrhundert die Fischer und Schiffer ihre Boote anlegten. Ein besonderes Erlebnis ist die Nutzung der Kleinschleuse bei Gaustadt, und auch der neue Hafen kann uns mit seinen modernen Krananlagen und riesigen Containern schwer beeindrucken.

Hafenrundfahrt mit Blick auf Klein-Venedig

Wieder mit festem Boden unter den Füßen setzen wir unsere Flusserlebnistour stadtauswärts fort und biegen nach ein paar Metern links in eine Gasse ein, die »Fischerei«. Die Insel Abtswörth wurde hier früher einmal von zwei Armen der Regnitz umschlossen. Einer der Flussarme verlandete aber mit den Jahren und ist heute verschwunden. Beim Überqueren der Markusstraße fällt unser Blick auf das Kloster Michaelsberg, das einnehmend auf einer Anhöhe thront. Weiter geradeaus steuern wir direkt auf die nächste Flusspfadstation zu. Wie der Straßenname uns schon erahnen lässt, befinden wir uns am ehemaligen Schiffsbauplatz, wo im 19. Jahrhundert die Schelche (Boote) und Schiffe der Bamberger Schiffer gebaut wurden.

Aber auch heute noch übernimmt die Regnitz wichtige Aufgaben für Tier und Natur. Unten am Ufer wird auf den feuchten Lebensraum für Wasservögel, Libellen und Fische aufmerksam gemacht. Und Kunigunde will wissen: »Kannst Du eines der genannten Tiere entdecken?«

Von der alten Fischerzunft

Über den Heinrich-Bosch-Steg gelangen wir auf die andere Seite der Regnitz und wandern wieder stadteinwärts. Rechter Hand passieren

Am Kranen: der alte Hafen von Bamberg

wir das ehemalige Krankenhaus, das bei seiner Errichtung 1789 als modernstes Krankenhaus Europas galt. Die Lage am Fluss wurde als heilungsfördernd angesehen. Unter der nächsten Brücke machen wir geschichtlich wieder einen Schritt zurück zu den Anfängen der Fischerzunft und den umfangreichen Aufgaben der Fischer im Laufe der Jahrhunderte. Auch heute noch treten die Zunftmitglieder in ihren farbenfrohen Trachten jedes Jahr zum Fischerstechen an. Nun befinden wir uns übrigens wieder auf Höhe der malerischen Häuserfront von »Klein-Venedig«. Früher wurden die Bauten auf Pfähle gesetzt, und man konnte die Boote direkt in das offene Untergeschoss hineinfahren.

Wie war das eigentlich mit den Schiffen, bevor sie von Maschinen angetrieben wurden? Konnten sie überhaupt gegen die Strömung fahren? Auf der nächsten Schautafel erfahren wir so einiges über die schweißtreibende Arbeit der Treidler am Leinritt, und das sollte uns bei der Antwort helfen.

Am Ende der Straße zweigen wir rechts und weiter oben noch mal links ab und stehen mitten im gastronomischen Zentrum der Innenstadt. Wer gerne eine kulinarische Pause einlegen möchte, hat hier die beste Gelegenheit dazu.

Es klappern die Mühlen am rauschenden Bach

Wir hingegen durchqueren zügig die Herrenstraße bis zur Schranne, wenden uns nach links, passieren die Polizeistation und überqueren zum x-ten Mal die Regnitz. Die Unteren Mühlen, die in früheren Zeiten verschiedenen industriellen Zwecken dienten, sind unser nächstes Etappenziel. Am Ende der Unteren Mühlbrücke geht es rechts weiter, und nach der Bischofsmühlbrücke wechseln wir die Straßenseite und überqueren den kleinen Parkplatz am Sonnenplätzchen. Wir durchlaufen eine schmale Häuserpassage und treffen auf die Judengasse, der wir rechter Hand bis hoch zur Concordiastraße folgen. Dann geht es zweimal nach links, bis wir an der Oberen Mühlbrücke angekommen sind. Die Wasserkraft war für die Mühlen eine wichtige Energiequelle, um Getreide zu mahlen, Öl zu pressen oder Steine zu schleifen. Unsere Route führt uns nun wieder eng an der Regnitz entlang, vorbei an der vornehmen Villa Concordia bis hin zur Walkmühle und der alten Schleuse 100. Wer weiß übrigens, was beim Walken gemacht wurde? Auf Tafel Nr. 17 unseres Flusspfades können wir es nachlesen. Und natürlich ging es auch hier bei der Fertigung von Stoffen und Tüchern nicht ohne Zuhilfenahme des wertvollen Regnitzwassers zu.

Nun suchen wir nach der nächsten Gelegenheit, um auf die andere Seite des Ufers und damit zum rechten Flussarm der Regnitz zu gelangen. Der Clarissenweg führt uns wieder Richtung Stadtzentrum, und hinter der Nonnenbrücke steht der Ludwig-Donau-Main-Kanal im Mittelpunkt des Flusserlebnispfades. Das 173 Kilometer lange Gewässer verband die Strecke von Kelheim nach Bamberg und erlebte 1850 seine Blütezeit. Mit dem Siegeszug der Eisenbahn verlor der Kanal dann aber schnell an Bedeutung. Die Fischwinterungen bilden die vorletzte Station unserer Erlebnistour. Auf der anderen Seite der Nonnenbrücke erfahren wir, wie die Fische in kalten Wintern in speziellen Bassins vor Erfrierung geschützt wurden. Nun biegen wir noch einmal nach rechts ab und beenden unseren kurzweiligen Flusserlebnistrip im Rosengarten von Geyerswörth.

Sylvia Schaub

21 *Drahtesel trifft Schnatterente*

Radrundweg im Maingebiet mit den Stationen Haßfurt, Zeil a. Main, Sand a. Main – teilweise durch Naturschutzgebiet, mit Naturerlebnisweg und Vogelaussichtsturm.

Rathaus Haßfurt, Hauptstr. 5, 97437 Haßfurt,
Tel. 0 95 21/6 88-2 27, www.hassfurt.de
Stadt Zeil a. Main, Marktplatz 8, 97475 Zeil a. M.,
Tel. 0 95 24/9 49-0, www.zeil-am-main.de
Gemeinde Sand a. Main, Kirchplatz 2, 97522 Sand a. M.,
Tel. 0 95 24/82 22-0, www.sand-am-main.de

Ganzjährig – besonders schön im Frühjahr und Herbst. Bei Schnee und Hochwasser können Teile des Radweges nicht befahrbar sein.

Ca. 20 km, 2–4 Std., abhängig von der Einbindung der Naturerlebnispfade, Pausen und dem Fahrvermögen der Kinder.

Grundsätzlich für jedes Alter geeignet, da ebene Strecken, die auch mit Kinderanhänger befahrbar sind. Für Kinder, die Tiere, speziell Vögel lieben, besonders spannend.

ÖPNV: Mit der Bahn bis Haßfurt. *Kfz:* A 70, Ausfahrt Haßfurt, über St 2426 und B 26 Richtung Stadtmitte.

Unbedingt ein Fernglas dabei haben! Brotzeit und Getränke mitnehmen, Rastplätze sind vorhanden. Die Radtour kann zwischen Zeil a. Main und Haßfurt um 5 km über Anhöhen des Haßbergtraufes verlängert werden. Mit einem kleinen Abstecher zwischen Zeil a. Main und Sand a. Main kann auch der Naturerlebnisweg bei Ziegelanger eingeschlossen werden.

Wintersonne

Strahlend schöner Sonnenschein, fast wolkenloser blauer Himmel – was braucht man mehr für eine Fahrradtour? Okay, das Thermometer zeigt zwei Grad über null, aber es sind ganz gewiss gefühlte zehn bei diesem herrlichen Wetter. Und nach wochenlangem Schnee und Regen wollen wir uns jetzt endlich wieder auf die Drahtesel schwingen und draußen ein paar Kilometer in die Pedale treten. Das Maingebiet zwischen Haßfurt und Zeil a. Main bietet die perfekte Kulisse dafür.

Wir reisen mit leichtem Gepäck und leihen uns die Räder vor Ort aus. Richtung Osten geht es hinaus aus der Stadt, vorbei an der imposanten Ritterkapelle, der ältesten Wallfahrtskirche im Bistum Würzburg und eines der bedeutendsten spätgotischen Bauwerke in Unterfranken.

An der nächsten Kreuzung halten wir uns leicht rechts, überqueren den Heideloffplatz und finden uns »Am Ziegelbrunn« wieder. Nach der Eisenbahnunterführung biegen wir links ab und steuern geradewegs auf die B 26 zu, die uns rechter Hand nach Zeil a. Main führen soll. Ab hier macht es Sinn, den Radweg auf der linken Seite der Bundesstraße zu nutzen. So richtig idyllisch ist die Umgebung an dieser Stelle allerdings noch nicht. Möbelhäuser im XXL-Format und amerikanische Schnellrestaurants säumen die Straße. Eine Radwanderung in malerischem Naturambiente sieht wahrlich anders aus. Aber kaum haben wir die Stadt hinter uns gelassen, tauchen weite grüne Wiesen und Felder auf, und die sanften Hügel des Haßbergtraufes zeigen sich am Horizont.

Die Hexen von Zeil a. Main

Nächster Halt: Zeil a. Main! Eine Informationstafel für Radfahrer hält Wissenswertes bereit, und die Radroute gönnt uns das Verlassen der viel befahrenen Staatsstraße, indem wir im Kreisverkehr die erste Abzweigung nach rechts nehmen. Allerdings müssen wir uns hier auf der Straße wieder brav in den Autoverkehr eingliedern, ein komfortabler Radweg fehlt in diesem Abschnitt. Am Ende der Unteren Straße biegen wir links in die Gröbera ab, um dann bei der nächsten Gabelung einen Schwenk nach rechts in den Tuchanger zu machen. Hier haben wir einen schönen Blick auf den Stadtturm und die Überreste der Stadtmauer. Im Hintergrund, auf dem Kapellenberg, thront das Zeiler Käppele über der Stadt. Die Wallfahrtskirche ist beliebt bei Hochzeitspaaren, und abends zaubert sie, beleuchtet, eine märchenhafte Atmosphäre über die Stadt.

In dieser Idylle mag man gar nicht glauben, dass Zeil a. Main einst Richtstätte in Sachen Hexenverfolgung war. Über 400 »Hexen« wurden hier verbrannt, was die Stadt nun veranlasst hat, das Thema in einem Hexen-Dokumentationszentrum aufzuarbeiten.

Wir radeln die Oskar-Winkler-Straße bis zu ihrem Ende und überqueren hier die Staatsstraße. Auf dieser Seite fließt friedlich die Altach entlang, der wir eine Weile nach rechts folgen, ehe wir auf einem kleinen Spielplatz eine erste Rast einlegen. Erfreulicherweise lässt sich unsere Fahrt dann ein kurzes Stück auf einem Feld- und Wiesenweg fortsetzen, bis uns das Ende des Pfades wieder zurück auf die Straße zwingt. Weiter vorne überqueren wir erst die B 26 und dann den Main. Von der Brücke aus haben wir Ausblick auf die Schiffsanlegestelle. Eine Bootsfahrt auf dem Main? Wäre das nicht eine Idee für den nächsten Ausflug?

Natur aktiv

Unser nächstes Etappenziel liegt bereits in Sichtweite vor uns. Wieder auf dem sicheren Radweg, sausen wir an Feldern und Wiesen vorbei und geradewegs in die 3000-Seelen-Gemeinde Sand a. Main hinein. Achtung, direkt hinter dem farbenfrohen Willkommensschild führt uns die Radstrecke nach rechts in ein Wohngebiet. Wenige Meter weiter biegen wir links in die Seestraße ein, passieren ein Gewerbegebiet und finden uns auf einem großen Parkplatz vor dem Sander Baggersee wieder. Hier beginnt das sommerliche Erholungsparadies des urtümlichen Mainortes. Die Fahrt geht nach rechts, vorbei an den Fußballfeldern des TC Sand und mitten durch das weitläufige Campinggelände. Lust auf Segeln oder Surfen? Oder einfach nur relaxed am Badestrand liegen? Kein Problem am Sander Baggersee.

Nachdem wir die Gemeinde hinter uns gelassen haben, folgen wir einer Biegung nach rechts und überqueren einige Meter weiter eine schmale Holzbrücke, die uns nach links über einen Feldweg (später wieder Asphalt) Richtung Knetzgau führt. Begleitet von grünen Wiesen und weiten Feldern haben wir inzwischen das Naturschutzgebiet am Hochreinsee erreicht. Die ehemalige Kiesgrube wurde im Rahmen eines Naturprojektes umgestaltet und beherbergt nun Flachwasserzonen, Wasserarme, Sandmagerrasen und Auwaldflächen. Wir machen einen Abstecher zu dem informativen und ideenvollen Naturerlebnispfad, der die Besucher in die verschiedenen Lebensräume von Pflanzen und Tieren eintauchen lässt. Anschauliche Stationen wie die *Klangfrösche* oder das *Vogelspur-Erkennungsspiel* laden besonders Kinder dazu ein, sich aktiv mit dem Thema Natur(schutz) auseinanderzusetzen. Auf einem erhöhten Aussichtsplatz gönnen wir uns eine Brotzeit und befassen uns mit Hilfe der großformatigen, bebilderten Informationstafeln mit den Zug- und Wasservö-

Natur pur am Ufer des Hochreinsees

geln des Hochreinsees. Wer keine große Radtour plant, kann den Naturerlebnisweg auch direkt anfahren und hier auf einem Rundwanderweg ein bis zwei naturnahe und abwechslungsreiche Stunden verbringen.

Kleine Vogelwelten

Wir verlassen das Naturerlebnisgelände und lenken unsere Räder westwärts Richtung Haßfurt. Die Wegstrecke knickt nach rechts ab, und wir begleiten die Staatsstraße ein Stück. Wir überqueren See und Main, und bevor wir wieder mit den motorisierten Weggefährten auf einer Höhe sind, tauchen wir unter der Straße hindurch auf die andere Seite. Eine asphaltierte Straße führt uns linker Hand nach Augsfeld. Hier ist plötzlich wieder alles still und grün. Eine Gruppe Schwäne zieht in einem kleinen See gemächlich ihre Runden, und wir beobachten zwei Raben, die sich in den Bäumen zanken.

Vor dem verschlafenen Ort Augsfeld folgen wir der Straße nach links und biegen bei nächster Gelegenheit wieder nach rechts ab. Jetzt taucht auch schon der Turm am Sichelsee in unserem Blickfeld auf. Entschlossen klettern wir den Aussichtsturm empor und saugen im Rundumblick die friedvolle Stimmung der Vogelwelt auf. Wer hätte gedacht, dass hier zu dieser Jahreszeit so viel Trubel herrscht? Im Sichelsee direkt vor uns haben zwei vorwitzige Haubentaucher ihre liebe Müh mit einem Fisch, auf dem Großen Wörth gleiten mehrere Schwäne erhaben über das Wasser, und kleine, flinke Enten schnattern und paddeln hektisch am Ufer entlang. Überall hört man es pfeifen, tschirpen und klopfen, und wir könnten dem Treiben der großen und kleinen gefiederten Kreaturen noch stundenlang zuschauen. Allerdings ist es inzwischen kühler geworden, und der Himmel hat sich zugezogen. So reißen wir uns von dem bunten und fröhlichen Naturschauspiel los und kehren uns wieder der Radstrecke zu. Wir wenden unsere Räder und fahren rechts am See vorbei. Auf der anderen Seite neben uns starten derweil ein- und zweimotorige Riesenvögel. Wie wir sehen, ist Haßfurt sogar aus der Luft zu erreichen. Wir passieren das Verkehrsfluggelände und radeln die Flugplatzstraße entlang, bis wir wieder »Am Ziegelbrunn« landen. Hier biegen wir links ab und strampeln nun (fast) schurgerade nach Haßfurt hinein.

Sylvia Schaub

Alt, älter, Methusalem 22

Kurzer, inhaltsreicher Rundweg auf dem Methusalempfad im südlichen Steigerwald. Hier sind alte bis uralte Laubbäume zu entdecken, die mit Größe, Umfang oder durch ihren ungewöhnlichen Wuchs beeindrucken. Im nahegelegenen Weinort Handthal genießt man vom Stollberg einen fantastischen Blick ins Steigerwaldvorland.

Verkehrsamt Ebrach, Tel. 0 95 53/9 22 00, www.ebrach.de
Handthal gehört zur Gemeinde Oberschwarzach,
Tel. 0 93 82/3 13 80, www.oberschwarzach.de

Frühjahr–Herbst.

Methusalempfad ca. 2 km, 1 Std. Rundwanderung zur Ruine Stollberg bei Handthal ca. 1,5 km, etwa 1. Std.

Der Methusalemweg ist aufgrund der kurzen Strecke schon für kleine Kinder geeignet, jedoch nicht für Kinderwagen. Für größere Kinder hat die Jugendorganisation des Bundes Naturschutz einen *Geocache* eingerichtet (www.jbn.de/fileadmin/download/jbn-geocaching_steigerwald.pdf).

ÖPNV: Nicht zu empfehlen (nur Schulbus-Verbindungen).
Kfz: Von der A 3 (Ausfahrt Geiselwind) oder der A 70 (Ausfahrt Haßfurt) nach Ebrach, von dort Richtung Würzburg (B 22) bis zum Wanderparkplatz Radstein/Süd.

In Ebrach erfreuen sich kulturhungrige Familien an der altehrwürdigen Zisterzienserabtei mit ihren schönen Gärten. Wer noch mehr Steigerwald erwandern mag: Der 3,3 km lange *E1*-Rundwanderweg führt in das kleine, urwaldähnliche Naturwaldreservat Brunnenstube (Ausgangspunkt: Wanderparkplatz Dreiherrnbrunnen, nördlich von Ebrach, Richtung Neudorf). Bei sommerlichen Temperaturen kühlt das Ebracher Naturbad heißgelaufene Wanderfüße (Ortsausgang Richtung Würzburg).

Alt wie ein Baum

Methusalem – wer war das gleich? Richtig, einer der biblischen Urväter, genau genommen der Großvater von Noah (dem mit der Arche, den jedes Kind kennt). 969 Lebensjahre soll er laut Bibel erreicht haben, und auch wenn man davon guten Gewissens einige abziehen darf, muss er alt wie mancher Baum geworden sein.

Zu solchen uralten Bäumen wollen wir uns heute in den Steigerwald aufmachen. In dieser schlicht-schönen, aber oft unterschätzten Landschaft zwischen Würzburg und Bamberg erstreckt sich Bayerns zweitgrößtes Laubwaldgebiet. Hier sind noch Buchenwälder zu finden, wie sie einst einen Großteil Deutschlands bedeckten: urig und tief, ein Traum in Grün.

Wo steckt das nächste »M«?

Unser Rundgang startet am Wanderparkplatz, der sich etwa 1,5 Kilometer nach dem Ebracher Ortsausgang linker Hand an der B 22 Richtung Würzburg befindet. Eine Infotafel weist hier auf den Beginn des Methusalempfads hin. Schon nach einigen Schritten auf dem geschotterten Waldpfad fallen uns die ersten beiden, mit einem schwungvollen »M« gekennzeichneten Bäume auf. Die wie Zwillinge wirkenden Bergahorne haben stolze 150 Jahre auf dem Buckel – doch das ist ein eher jugendliches Alter angesichts der 600 Jahre, die so ein Ahorn alt werden kann. Dass es sich um einen Bergahorn handelt, ist übrigens an der Rinde leicht zu erkennen, die sich in großen Platten ablösen lässt und darunter interessante Muster verbirgt.

Unser Weg geht in einen größeren Forstweg über, von dem der Methusalempfad schon nach einigen Hundert Metern nach rechts hinunter in ein kleines Tal abzweigt. Über Stufen und Pfade geht es jetzt an einem Bachlauf entlang. Wir passieren Baum Nr. 3, bei dem sich drei Stämme zu einer »Drillingsbuche« vereinigt haben.

Eine Schleife im Talgrund ziehend, gelangen wir zu Methusalem Nr. 4, einer mächtigen Buche, für deren Umarmung es schon eine kleine Familie braucht ... Nach einem kurzen steilen Stück sind wir wieder auf der Forststraße und gehen einige Meter bergauf zurück. Hier fungiert ein kleines Geländer als Aussichtskanzel auf Baum Nr. 5. Diese Rotbuche bietet uns einen kuriosen Anblick: Zunächst hat sich ihr Stamm geteilt, ist dann aber wieder zusammengewachsen, sodass eine Art Fenster entstanden ist. Den Forstweg wieder bergab gehend, kommen wir zu einer Wegkehre, von der rechter Hand

Steigerwald – ein Traum in Grün

der Methusalempfad zu einem Bächlein mit Brücke abzweigt. Nach Überquerung derselben folgen wir dem munteren Gewässer nach links und kommen zu den nächsten vier Methusalem-Bäumen (M 6–M 9), die hier in kurzer Folge den Waldrand säumen. M 6 ist eine Traubeneiche, die ihren Namen den Eicheln verdankt, die traubenartig am Zweig sitzen. Die gewaltige Rotbuche M 7 hat den oberen Teil ihrer Krone bei einem Sturm verloren. M 8 ist ein knorriger Feldahorn, hier weist die schuppige, feine Rinde auf den Unterschied zum Bergahorn hin.

An den Waldrand schließt sich ein liebliches Wiesental an, das wie geschaffen ist für ein gemütliches Picknick bei den Baumriesen. Vor allem im Herbst bieten die prächtig gefärbten Laubbäume einen wunderbaren Anblick. Nachdem wir die stattliche Buche M 9 passiert haben, gelangen wir aus dem Bachtal auf den Forstweg zurück und folgen diesem nach rechts. Kurz nach einer langgezogenen Kurve werden wir per Methusalem-Beschilderung nach links den Berg hinaufgelotst und kommen durch einen Wald aus jungen Eschen, die hier offensichtlich nach einem Sturmschaden ihre Chance genutzt haben. Über die Treppen immer weiter bergauf erreichen wir schließlich einen Forstweg, auf dem wir uns links halten, um zum Parkplatz zurückgeführt zu werden.

Deutschlands höchster Weinberg

Auf Deutschlands höchstem Weinberg

Zur Abrundung der Tour bieten sich jetzt beide Richtungen der B 22 an: Kunstsinnige fahren nach Ebrach weiter, wo sich mit der Zisterzienserabtei ein bedeutendes Bauwerk der deutschen Gotik besichtigen lässt. Höhepunkt der Klosterkirche ist die farbenprächtige

Fensterrosette – noch schöner als die von Notre-Dame in Paris ... und nicht so weit weg.

Wer nach dem Waldgenuss gern noch das Fränkische Weinland erleben möchte, braucht gar nicht weit in die entgegengesetzte Richtung auf der B 22 zu fahren: Über Oberschwarzach gelangt man nach Handthal, wo der Handthaler Stollberg Deutschlands höchstgelegenen Weinberg bildet, sensationell schön gelegen und mit der Ruine der Stollburg gekrönt. Die Besteigung des Berges ist eine lohnende Angelegenheit, wird man doch mit einer unglaublich weiten Aussicht ins Steigerwaldvorland belohnt. Von der Kreuzung in der Handthaler Ortsmitte führt eine Straße zum Wanderparkplatz am Fuß des Stollbergs. Ein asphaltierter Weg zieht sich in Schleifen den Weinberg hinauf, vorbei an der Gaststätte des Staatlichen Weinguts Stollberg mit der – an schönen Tagen freilich stark frequentierten – Aussichtsterrasse. Am Ende des Weges folgen wir den rechter Hand gelegenen Stufen hinauf, bis wir die auf 443 Höhenmetern gelegene Ruine erreicht haben. Die Burg wurde im 12. Jahrhundert gegründet und könnte der Ort sein, an dem der berühmte Dichter Walther von der Vogelweide seine Jugend verbrachte – so die Mutmaßung einiger Historiker. Schon 1525 fiel die Burg im Bauernkrieg. Heute stehen, eingewachsen von alten Ulmenbäumen, nur noch die Überreste des achteckigen Bergfrieds. Zurück nach Handthal geht es an der etwas unterhalb der Ruine gelegenen Schutzhütte vorbei und dann steil über einen Waldpfad nach links hinunter, bis man auf einen breiteren Weg gelangt, der zum Parkplatz zurückführt.

Wer der Versuchung widerstanden hat, am Stollberg einzukehren, kann dies in Handthal tun – das Dorf besticht mit südlichem Flair und etlichen attraktiven Einkehrmöglichkeiten.

Barbara Neukam

23 *Tierischer Spaß tierisch günstig*

Der Wildpark am Rand von Schweinfurt kann auf einem Rundweg besichtigt werden, von dem jederzeit individuelle Abweichungen möglich sind. Zahlreiche Spielplätze laden zum längeren Verweilen ein. Vor allem kleinere Kinder, Kletterer und Wasserratten werden ihren Spaß haben.

Wildpark an den Eichen, Albin-Kitzinger-Str.,
97422 Schweinfurt, Tel: 0 97 21/ 4 72 78 39. Infos unter
www.schweinfurt.de/leben/sportfreizeit/index.html

Ganzjährig.

Ganztägig.

Für Kinder von 0–10. Für Kinderwagen geeignet.

ÖPNV: Mit der Bahn bis Hauptbahnhof Schweinfurt, Buslinien 11 und 12 zum Roßmarkt, dann mit der 51 bis Station Wildpark. *Kfz:* A 73, am Bamberger Kreuz auf A 70 Richtung Schweinfurt, Ausfahrt Gochsheim, rechts abbiegen, am Ortseingang Sennfeld vorbei, über den Main und dann rechts auf den Paul-Rummel-Ring, halbrechts in die Schützenstr., noch mal rechts in die Deutschhöferstr. und nach einiger Zeit und sichtbarem Baumbestand links in die Albin-Kitzinger-Str., Parkplätze vor dem Eingang.

Die *Waldschänke* bietet Jausen, Okt–Mitte März nur Sa und So geöffnet. Picknickgelegenheiten reichlich vorhanden. Minigolfplatz, Apr–Mitte Okt, Ausgabe Mo–Fr 13.30–17.45, Sa, So 12.00–17.45, Rückgabe bis 18.30.
Für ausländische Gäste gibt es eine englischsprachige Gehegebeschilderung und entsprechende Flyer.

Liebevoll gemacht bis ins Detail

Wildparks gibt's viele, Spielplätze auch. Der Schweinfurter Park aber sticht heraus, nicht nur, weil er keinen Eintritt verlangt, sondern

Er geht es entspannt an: der Luchs in seinem großzügigen Gehege

auch wegen der individuellen Gestaltung. Viele kleine, feine Ideen machen einfach Spaß, vor allem den jüngeren Kindern.

Willkommen auf den breiten Spazierwegen, kinderwagen- wie rollstuhlgeeignet, die abwechselnd zu Waldgehegen und Spielplätzen führen. Im Wildpark leben nahezu 500 Tiere, meist aus heimischen Gefilden, aber nicht nur. Manche, wie die Ziegen, kann man streicheln, viele aus aufgestellten Automaten füttern, manche bestaunen. So das Wildschweinrudel in seiner witzigen *Festung Schweinstein*, die erklettert sein will und Einblicke ins schweinische Leben von oben und unten gewährt. Die Anlagen für Eulen, Raben- und Greifvögel sind naturnah mit Felswänden gestaltet, an denen der Besucher auf einem Steg entlanggeführt wird. An der Geiervoliere gibt es eine Messlatte, an der jedes Kind seine eigene »Flügelspannweite« mit derjenigen der Vögel vergleichen kann. Die Luchse haben 3000 Quadratmeter Platz zur Entfaltung.

Publikumsliebling ist das Elchpaar – am Kiosk gibt's entsprechend Elchbier für durstige Väter und Elchkekse. Aber auch Rotwild, Mufflons, Damhirsche, Hochlandrinder, Walliser Schwarzhalsziegen und Pfauen, Kolkraben, Schneeeulen, Hühner, Tauben, Meerschweinchen und Kaninchen haben ihre Fans, vor allem unter den kleinen Besuchern.

Elche sind zum Klettern da – jedenfalls im Wildpark Schweinfurt

Es gibt mehrere Spielplatzgelände, in angenehmem Wechsel mit den Gehegen, auf denen vor allem die toll designten und abwechslungsreichen Klettertürme hervorstechen. Auch das große Planschbecken mit Tunneln und Spritzdüsen ist großartig. Wer es ruhiger mag, kann die Kneippanlangen ausprobieren und wassertreten. Palisadenfort, Kletterfelsen, Torwand, Skateboardbahn, Schwingschaukel und Teichareal bieten ebenfalls Bewegungsanregungen.

Im Sommer dürfte es hier voll sein. Aber auch, wenn man sich auf die nicht ganz so sonnigen, nicht ganz so inmitten der Ferien gelegenen Tage spezialisiert, wird man viel Inspiration finden. Wer möchte, kann auch eine waldpädagogische Führung vereinbaren.

Tessa Korber

Ja, so war'n die alten Rittersleut' 24

Lehrreiche und interessante Führung durch die Innenstadt Gemündens bis hoch zur Burgruine Scherenburg.

Tourist-Information am Rathaus, Scherenbergstr. 4, 97737 Gemünden a. Main, Tel. 0 93 51/80 01-70, www.stadt-gemuenden.de, Mo–Fr 9.00–12.30, 13.00–17.30, zusätzlich Mai–Okt Sa 10.00–13.00.

Stadtführungen sind ganzjährig buchbar.

Ca. 1–2 Std., je nach Thema.

Es gibt verschiedene Themenführungen, von denen einige auch für jüngere Kinder interessant sind. Die Stadtführer gehen außerdem speziell auf die Bedürfnisse der jüngeren Besucher ein.

ÖPNV: Mit der Bahn bis Gemünden a. Main. *Kfz:* A 7, Ausfahrt Hammelburg, B 287 bis Hammelburg, dann über B 27, St 2434 und St 2302 bis Gemünden a. Main, großer Parkplatz am Main.

Sehenswert sind die Scherenburgfestspiele, Juli–Mitte Aug. Infos/Kartenreservierung Tel. 0 93 51/54 24, www.scherenburgfestspiele.de. Außerdem lädt ein im Sommer 2010 neu installierter Walderlebnispfad mit 12 Stationen besonders Familien zu einem interaktiven Naturerlebnis ein. Nähere Angaben über die Tourist-Info.

Die Welt der Fischer und Gerber

Zwischen Spessart und Rhön liegt die Dreiflüssestadt Gemünden a. Main. Viel wissen wir von dem 11 000-Einwohner-Städtchen bisher nicht, aber das soll sich heute ändern.

Wir treffen Stadtführerin Lotte Bayer an der alten Steinbrücke mit Blick auf die Fränkische Saale. Und sofort beginnt uns die alteingesessene Gemündenerin zu erzählen, wie sie bei ihren Führungen die Aufmerksamkeit von Kindern gewinnen kann. Aufgrund der Lage an den drei Flüssen Main, Sinn und Fränkische Saale hat die Fischerzunft in Gemünden eine ganz besondere Tradition. Und Kinder interessieren sich fast immer für alte Berufe und Handwerke. So stellen sich gleich zu Beginn die Fragen: »Wie hat der Fischer gelebt? Wo hat er gelebt? Was waren seine Tätigkeiten?« Auch Winterarbeiten, wie das Korbflechten, gehörten z. B. zu den Beschäftigungen der Gemündener Fischer. Eine ebenso bedeutsame Vergangenheit hat das Gewerbe des Gerbers. Er benötigte für seine Lederverarbeitung die Lohe (Eichenrinde), die dann getrocknet und in der Mühle zerkleinert wurde. Je nach Jahreszeit können die kleinen Stadtrundgänger selber einmal versuchen, die Rinde zu schälen und mit Weide oder Hasel zu binden. Das Gerbgut wurde dann mit der Lohe bedeckt und mit Saalewasser übergossen. »Ratet einmal, wie lang das Leder darin lag!«, werden die jungen Zuhörer herausgefordert. Der Beruf des Zimmermanns verschafft den Kindern ebenfalls einen Einblick in die verschiedenen Facetten des Handwerks. »Sei du mal ein Zimmermann«, bittet die Stadtführerin und reicht Papier und Bleistift. »Wie würdest du die Balken verzieren? Welches Motiv würdest du wählen?«

Bilder der Vergangenheit

Gerne bringt Lotte Bayer bei Führungen mit Familien auch alte Karten mit, z. B. eine aus dem 15./16. Jahrhundert. Natürlich ist es mehr als erstaunlich zu sehen, wie sich die Stadt und die Umgebung im Laufe der Jahrhunderte verändert haben. »Wie haben die umliegenden Gemeinden damals ausgesehen? Was fällt dir auf?«, werden die jungen Besucher in die Stadttour miteinbezogen. Als wir den Mühltorturm und die alte Stadtmauer passieren, erfahren wir, wie lebendig mittelalterliche Geschichte vermittelt werden kann. Wir sehen, wie hoch so eine Mauer war, und überlegen uns, wie schwer es wohl gewesen sein muss, sie zu bezwingen. Unsere Stadtführerin hat einen alten Schlüssel für das Stadttor dabei. Sie geht hinein, schließt ab und lässt die Fantasie spielen. »Draußen stehen unsere Feinde. Was können wir tun, falls sie eindringen?« Die Gruppe, die vor dem Tor steht, wird entsprechend gefragt: »Wie gelingt es euch, in die Stadt reinzukommen?« Interaktiv wird das Mittelalter nacherlebt. Manchmal lässt Lotte Bayer auch das Falltor zeichnen, das früher dem eigentlichen Stadttor vorgestellt war. Hier ist Vorstellungskraft gefragt.

Was Schüler und Jugendliche angeht, ist vor allem die Kriegszeit ein Thema, das bei geführten Touren auf großes Interesse stößt.

Dreiflüssestadt: Hier treffen Fränkische Saale, Sinn und Main zusammen

Eine Mappe mit Aufnahmen zeigt die Straßen und Häuser, wie sie vor der Zerstörung vorhanden waren. Wir können uns nun selbst ein Bild davon machen, was heute noch steht oder wieder neu aufgebaut wurde. So sieht man am Kirchturm beispielsweise ganz deutlich den Unterschied zwischen dem oberen Teil, der nach der Bombardierung im Zweiten Weltkrieg wieder aufgesetzt wurde, und dem unteren Bereich, der noch aus handbehauenen Steinen besteht.

Überhaupt war Gemünden stark von den verheerenden Auswirkungen des Krieges betroffen, weil die Stadt an einem wichtigen Eisenbahnknotenpunkt lag.

Das Flair der Scherenburgfestspiele

Im Sommer locken die Scherenburgfestspiele im Innenhof der Ruine Scherenburg Besucher aus der ganzen Region in die Stadt. Malerisch oben am Berg gelegen, bietet die mittelalterliche Ruine eine imposante Kulisse für die inzwischen schon traditionellen Aufführungen. In unbeschreiblicher Atmosphäre genießen die Zuschauer dann eines der drei Schauspiele der jeweiligen Saison. Wir sind inzwischen selber auch die Stufen zur Scherenburg emporgeklettert und lassen uns von der atemberaubenden Aussicht ins Maintal und über die Stadt beeindrucken.

Für Kinder hat die erfahrene Stadtführerin auf der Scherenburg-Ruine erneut eine ganz spezielle Aufgabe parat. Passend zum Mittelalter sollen Reime gefunden werden. So lautet die Vorgabe: »Kunibert, der edle Ritter, friert bei dieser Kälte ...?« »Bitter!«, tönt es sofort im Chor. Natürlich gibt es hier für die jungen Besucher auch wieder jede Menge Fragen zu beantworten. »Warum wurde die Burg am Berg gebaut? Was hat das für Vorteile? Schaut euch einmal um!« Lotte Bayer versteht es, die Kinder in ihren Bann zu ziehen und Geschichte erlebbar zu machen.

Geschichte und Geschichten

Auf dem Rückweg in den Stadtkern erfahren wir noch etwas über den Medizinalrat Heinrich Ronkarz, der 1826 hier oben ein Haus kaufte und die dazugehörigen Weinberge zu einem terrassenförmig angelegten Garten in mediterranem Stil umgestaltete. Seine Ideen brachte er von zahlreichen Italienreisen mit, der oberitalienische Barock diente ihm als Vorbild. Fast zu jedem Gebäude im Ort gibt es eine bemerkenswerte Geschichte. Wir streifen durch enge, verwinkelte Gassen, passieren einige gut erhaltene Fachwerkhäuser und lauschen den Erzählungen über das 1817 abgebaute Obertor und die beiden Rundtürme, den Eulen- und den Hexenturm. Auf dem Marktplatz, der schon in früheren Zeiten dem städtischen Markttreiben vorbehalten war und auch heute das beschauliche Zentrum der Stadt bildet, endet unsere aufschlussreiche Tour.

Sylvia Schaub

Spieglein, Spieglein an der Wand 25

Kurzweiliger und spannender Rundgang durch das Spessartmuseum. Mit Museumsrallye und Geschichten zu den Spessarträubern, der Lohrer Spiegel- und Glasmanufaktur und dem Spessart als »Holzfabrik«.

Spessartmuseum im Schloss zu Lohr am Main, Schloßplatz 1, 97816 Lohr a. Main, Tel. 0 93 52/7 93 23 99, www.spessartmuseum.de, Di–Sa 10.00–16.00, So, Fei 10.00–17.00. Eintritt: 3 €, Gruppen und ermäßigt 2 €.

Ca. 1–2 Std.

Ab Kindergartenalter interessant, für Kinder gibt es Museumsrallyes, außerdem einige Kinder-Stationen.

ÖPNV: Mit der Bahn bis Lohr a. Main, dann Buslinie 1 Richtung ZOB. *Kfz:* A 3, Ausfahrt Marktheidenfeld, B 8/ St 2315 bis Lohr a. Main, Parkplatz Haaggasse.

Über die Tourist-Information kann das Lohrer Schneewittchen gebucht werden, Stadt Lohr, Schloßplatz 5, 97816 Lohr a. Main, Tel. 0 93 52/1 94 33, www.lohr.de

Wo ist Schneewittchen?

Keine Frage, wenn wir vor dem Spessartschloss in Lohr a. Main stehen, überkommt uns kurzzeitig der Gedanke an ein märchenhaftes Disney-Schloss. Zumal wir gehört haben, dass Schneewittchen in diesem viertürmigen Palast in Lohr aufgewachsen sein soll. Diesem Gerücht wollen wir heute nachgehen. In Lohr wartet man allerdings vergeblich auf verkleidete Märchenfiguren à la Disney, und das ist auch gut so. Das Spessartmuseum, das in dem Schloss ein charmantes Domizil gefunden hat, bietet weitaus mehr als ein unterhaltsames Vergnügungsspektakel.

Als wir den Eingangsbereich betreten, finden wir uns nicht nur bei der Kasse wieder, sondern auch in einem originalen, 100 Jahre alten Krämerladen. Hier werden, wie in früheren Zeiten, Bonbons in allen Geschmacksrichtungen per Schäufelchen à 50 Gramm in kleine Papiertüten verpackt, auf einer nostalgischen Waage abgewogen und zu Preisen von anno dazumal verkauft. Einzelne Gummitiere und saure Zwerge kann man zu fünf Cent das Stück direkt aus großen gläsernen Bonbonnieren auswählen. Seit 1987 befindet sich das Originalinventar des Krämerladens der Familie Göpfert im Spessartmuseum, nachdem ein Jahr zuvor das letzte Familienmitglied verstorben war. Die Originalküche der Göpferts ist ebenfalls im Museum ausgestellt, zum Thema *Not im Spessart*. Sie hat einen unschätzbaren Wert, da die Familie sämtliches Inventar gesammelt und fast nie etwas entsorgt hat.

Der Spessart als Holzlieferant

Das Leitthema des Spessartmuseums heißt *Mensch und Wald*, denn der Spessart (sein Name kommt von »Spechts-Hardt«, d. h. »Spechts-Wald«) ist eines der größten zusammenhängenden Laubwaldgebiete Deutschlands. Und Holz hat das Leben seiner Bürger schon früh geprägt.

An der Kasse bekommen wir einen Übersichtsplan der Museumsbereiche auf vier Stockwerken. Die Räume, die besonders spannende Elemente für Kinder bieten, werden von der freundlichen Museumsmitarbeiterin mit einem Kreuz markiert. Einen Museumsführer sucht man hier übrigens vergeblich. In jedem Raum ist ein Handblatt zu finden, das man bei Interesse für wenige Cent erwerben kann.

Wir beginnen unseren Rundgang im Untergeschoss und lernen hier die Rohstoffbereiche des Spessarts und die daran geknüpften Berufe kennen. Eisen, Ton und Stein waren neben Holz die prägenden Materialien für die Menschen im Spessartgebiet. Wie die Bürger der Region den bescheidenen Lebensalltag meisterten, erfahren wir im Erdgeschoss. Die *Not im Spessart* und die berüchtigten *Spessarträuber* sind zwei der Schwerpunkte in dieser Abteilung. In der ersten Etage steht dann die Materie Holz im Mittelpunkt der Aufmerksamkeit. Erst jetzt fällt uns auf, welche Berufsbilder alle mit diesem Rohstoff zu tun haben und hatten. Zimmerer und Schreiner sind uns auch heute noch gängige Begriffe, aber was macht denn ein Wagner, Küfer oder Schäffler? Auch der Haus- und Schiffsbau ist eng mit dem Element Holz verbunden. Die Kinderaugen werden ganz besonders groß beim Anblick der kunstvollen Holzspielsachen aus früheren Zeiten. Und bei den Klangkästen darf mit Schlägeln so-

gar eigenhändig musiziert werden. Natürlich spielen auch Holzmöbel eine große Rolle im Museum. Und von den Möbeln ist es nicht mehr weit zum Wohnen. Wie es sich in einem Schloss gewohnt hat, das veranschaulichen die nächsten Räume, und spätestens hier ist dann auch unserem zauberhaften Schneewittchen ein eigenes Zimmer gewidmet.

Das oberste Stockwerk ist in zwei Sachgebiete unterteilt. Gehen wir nach rechts, so weichen wir im ersten Augenblick erschrocken vor einem lebensgroßen Wildschwein zurück. Wir befinden uns mitten im Jagd- und Forstwesen der Spessartregion. Linker Hand erleben wir die Spessarter Glasherstellung im Detail und können seltene gläserne Glanzstücke aus sechs Jahrhunderten bewundern. Fällt uns beim Thema Glas und Schneewittchen nicht noch etwas ein? Richtig! Die Spiegelmanufaktur darf hier natürlich auch nicht fehlen. Ein lustiger Zerrspiegel sorgt dabei für großen Spaß, und die spannende Frage lautet: Wird der Schneewittchenspiegel mit uns sprechen?

Museum interaktiv

Für Kinder wird die Tour ganz besonders attraktiv, wenn man eine Museumsrallye mit einbezieht. Je nach Alter und Dauer kann unter verschiedenen Themen ausgewählt werden. So ist das Motto *Schneewittchen* speziell auf die Kleineren zugeschnitten. »Was kochte Schneewittchen jeden Abend für die Zwerge?« oder »Welche Werkzeuge benutzten die Zwerge in ihrem Beruf als Bergmänner?« sind nur zwei der Fragen, die man garantiert beantworten kann, wenn man die Räume genau studiert. Als Belohnung für die korrekten Lösungen gibt es am Ende im Museumsladen einen Schneewittchentaler. Andere kniffelige Aufgaben lassen sich bei der Rallye durch die Glasabteilung lösen. Oder darf es lieber ein Quiz zu den Räubern im Spessart sein?

Ganz egal, ob wir schließlich alle richtigen Lösungen parat haben, kurzweilig und bemerkenswert war jede einzelne Abteilung im Schloss. Und wer jetzt noch Wert auf das »echte« Schneewittchen legt, kann bei der Stadt Lohr tatsächlich eines buchen.

Sylvia Schaub

Schon gewusst?
Die Sage von Schneewittchen in Lohr a. Main handelt von dem Mädchen Maria Sophia Margaretha Katharina von Erthal, welches vor etwa 300 Jahren im Schloss zu Lohr geboren wurde. Die Mutter des Mädchens verstarb früh, und so trat die böse Stiefmutter in die Erzählung ein. Da dies an das Märchen *Schneewittchen* erinnerte, fragte man sich, was in Lohr denn noch zu der Geschichte passen könnte. Wenn man über sieben Spessartberge wandert, kommt man nach Bieber, wo schon im Mittelalter Silbererz abgebaut wurde. In den engen Stollen konnten besonders gut Kinder und kleinwüchsige Menschen arbeiten, die mit ihren schützenden Umhängen und Kapuzen wie Zwerge wirkten. Das könnten doch die sieben Zwerge hinter den sieben Bergen gewesen sein. Woher die böse Stiefmutter das Gift hatte? Im Spessart wächst die Tollkirsche, isst man die Beere, fällt man in einen todesähnlichen Schlaf. Auch für den Schneewittchenspiegel fand sich eine Erklärung. Hinter dem Schloss gab es zu der Zeit, als das Mädchen dort lebte, eine Spiegelmanufaktur. In den Anfangsjahren der Spiegelherstellung waren die Menschen sehr fasziniert, dass man sich »ganz und gar, so wie ich bin« in dem Spiegel sehen konnte. Daher sagte man: »Der Spiegel spricht doch die Wahrheit«. Zudem brachte man Medaillons mit Sinnsprüchen auf den Spiegeln an und machte sie so zu »sprechenden« Spiegeln. Und weil das alles so fabelhaft zutraf auf Lohr, sagte man sich, wenn Schneewittchen wirklich irgendwo gelebt haben sollte, dann musste es in Lohr gewesen sein.

26 Im Wald sind nicht nur Räuber

Interaktiv geführte Naturerlebniswanderung durch Wald und Flur in Habichsthal/Frammersbach. Wir lernen durch aufmerksames Beobachten und mithilfe von waldpädagogischen Materialien die Natur besser kennen.

Berit Arendt, Dorfstr. 32, 97833 Habichsthal (Frammersbach), Tel. 0 60 20/97 00 19, www.spessart-fachwerk.de. Infos zum Spessart auch unter www.naturpark-spessart.de

Je nach Witterung/Absprache das ganze Jahr über (siehe auch Wintertipp!)

Ca. 1 ½–2 Std.

Ab ca. 5 Jahre.

ÖPNV: Mit der Bahn bis Partenstein oder Wiesthal, Buslinie 8045 bis Habichsthal. *Kfz:* A 3, Ausfahrt Marktheidenfeld, B 8 bis Lohr a. Main, B 276 bis Frammersbach, St 2305 und MSP 21 bis Habichsthal.

Es sind auch Naturwanderungen zum Thema Wildkräuter und Mythologie sowie Naturlesungen und *LandArt*-Projekte buchbar.

Der Wald – das (un)bekannte Wesen

Welche Farbe hat der Wald? Bäume haben Blätter oder Nadeln, und alle haben einen Stamm. Und sonst ...? Gibt es auf der Wiese mehr zu sehen als nur grüne Halme?

Wir wollen es heute genauer wissen und treffen uns mit der zertifizierten Waldpädagogin Berit Arendt. Mitten im Spessart, in einem kleinen Ortsteil von Frammersbach, wollen wir uns auf Erkundungstour durch den Wald machen. Wird es hier etwas Neues für uns zu entdecken geben? Immerhin sind wir schon oft durch den Wald gewandert, manchmal viele Kilometer weit. Da haben wir doch schon alles gesehen – oder nicht?

In Begleitung unserer Waldspezialistin kommt es nicht auf die Entfernung an. Gleich auf den ersten Metern sind wir angehalten, uns genauer umzuschauen. Welche Zapfen finden wir am Boden? Und zu welchen Nadelbäumen gehören sie? Wir befinden uns in einem aufgeforsteten Waldgebiet, wo wir auf engstem Raum die unterschiedlichsten Nadelbaumarten betrachten können. Tanne, Fichte, Kiefer, Lärche und Douglasie – aber wo liegt hier der Unterschied?

Die Mär vom Tannenzapfen

Ein beliebtes waldpädagogisches Spielzeug ist die Zapfenkette. Heute basteln wir uns dieses Schmuckstück selber und haben so auf einer Schnur alle Zapfen im direkten Vergleich. Es macht Spaß, sie den verschiedenen Nadelbäumen zuzuordnen. So hat beispielsweise die Lärche ganz kleine Zapfen, die der Weimutskiefer, auch Strobe genannt, sind sehr groß und eignen sich wunderbar zum Schmücken. Aber halt, wo sind die Tannenzapfen? Tatsächlich wird man auf dem Boden unter einer Tanne keine Zapfen finden, denn bei ihr wird nicht der komplette Zapfen abgeworfen, sondern die Schuppen fallen einzeln von der Spindel auf die Erde.

Wir stapfen quer durch den Wald und versuchen, weitere Unterschiede zwischen den Nadelhölzern zu entdecken. Wir ertasten Baumstämme mit starker Borkenbildung, wie die der Kiefer, und Bäume mit glattem Stamm, wie zum Beispiel die Tanne. Auch die

Den Wald in anderen Farben sehen

LandArt: Kunst mit und in der Natur

Nadeln sind ein gutes Merkmal zur Artbestimmung. Wir atmen den Orangenduft der Douglasiennadeln ein und stellen fest, dass die langen Nadeln der Waldkiefer immer paarweise zusammensitzen. Bei anderen Kiefernarten finden sich sogar drei oder fünf Nadeln pro Blattscheide.

Auch über die Tiere, die im Wald leben, können wir eine Menge erfahren, obwohl wir sie heute nicht zu Gesicht bekommen. Wir stöbern von Eichhörnchen abgenagte Zapfen auf, finden Tannen, deren Rinde von hungrigen Rehen angebissen wurde, und staunen über die von dem Buchenspringrüssler (Käfer) schrotschussartig durchlöcherten Buchenblätter.

Der Wald ist bunt

Unsere sympathische Naturführerin hat aber nicht nur viel Wissen im Gepäck, sondern auch eine Tasche interessanter Hilfsmittel dabei, um besonders Kindern die Natur möglichst anschaulich und (be-)greifbar nahezubringen. So kann man im Frühjahr, wenn alles wieder zu wachsen beginnt, mit einem Stethoskop die Säfte in den Bäumen glucksen hören. Und der Blick durch die Facettenlinse gibt eine Vorstellung davon, wie Bienen und Fliegen ihre Umwelt wahrnehmen. Natürlich fehlt auch die klassische Becherlupe nicht, um

Käfer und Blätter einmal genauer »unter die Lupe« zu nehmen. Zum Schluss setzen wir uns Sonnenbrillen mit verschiedenfarbigen Gläsern auf und kommen zu dem eindeutigen Ergebnis: Der Wald ist bunt

Wer kennt alle Blümelein?

Einige Hundert Meter entfernt besitzt Berit Arendt ein kleines Heckengrundstück, das sich wunderbar dazu eignet, die Vielfältigkeit von Hecken, Sträuchern und der Wiese zu erforschen. Hier inszeniert die Künstlerin nicht nur alte Gegenstände, die Menschen einfach im Wald entsorgt haben, sondern bietet auch spezielle Workshops zum Thema *LandArt* an. Dabei können die Teilnehmer unter originellen Vorgaben wie *Architektur in der Natur* oder *Naturbühne für Holzköpfe* versuchen, Kunstwerke in und aus der Natur zu erschaffen.

Wir sind beeindruckt von den unzähligen Sinneseindrücken, die uns das überschaubare Areal bietet. Unter dem Motto *Parfümerie* erleben wir das Spektrum der verschiedenen Düfte in der Natur. Mit geschlossenen Augen nehmen wir die Gerüche von Kräutern, Blüten und zerriebenen Blättern ganz bewusst und intensiv auf. Wer weiß schon, wie viele verschiedene Minzearten es gibt? Und jede hat ihr ganz eigenes Aroma – Apfel, Orange oder auch Schokolade.

Um den Reichtum der Farben in der Umgebung zu belegen, hat Berit Arendt ebenfalls ihre ganz eigene Vorgehensweise. Jeder von uns darf sich aus einer Vielzahl von Buntstiften zwei Farben auswählen. Nun gehen wir auf die Suche, um genau diese Farbtöne in Blättern, Sträuchern oder Blumen wiederzufinden. Auch dieses Experiment gelingt, und wir sind uns sicher, dass wir die Umwelt bei unserem nächsten Spaziergang mit ganz anderen Augen und Ohren wahrnehmen werden. Einfach mit allen Sinnen!

Sylvia Schaub

Wintertipp!
Schneeschuhwandern & Nordic-Snowshoeing im Spessart.
Infos unter www.spessart-fachwerk.de

27 *Ein Hauch von Asterix*

Lehrreicher Rundweg über das ehemalige Gelände eines römischen Legionslagers mit anschaulichen Informationstafeln. Anschließender Besuch im *Römerkabinett* des Museums Malerwinkelhaus.

Marktbreit Tourist-Information, Mainstr. 6, 97340 Marktbreit, Tel. 0 93 32/59 15 95, www.marktbreit.de, Di–Fr 9.30–16.00, Sa 10.00–14.00 (Nov–März Di–Sa 10.00–13.00). Museum Malerwinkelhaus, Bachgasse 2, 97340 Marktbreit, Tel. 0 93 32/59 15 96, www.malerwinkelhaus.de, Ende März–Nov Do 14.00–20.00, Fr–So, Fei 14.00–17.00. Eintritt: Kinder bis 6 Jahre frei, ermäßigt 1,50 €, Erwachsene 2,50 €, Familienkarte 6 €.

Römerrundweg ganzjährig, Museum März–Nov.

2,5 km, ca. 1 ½ Stunden. Hinzu kommt der Museumsbesuch.

Der Wanderweg ist am ehesten spannend für Kinder, die schon selbst die Tafeln lesen können und bereits Interesse für die Römerzeit zeigen. Ansonsten angenehme, kurze Wanderstrecke mit schöner Aussicht. Feldwege nur mit geländetauglichem Kinderwagen und bei trockenem Boden zu empfehlen.

ÖPNV: Mit der Bahn bis Marktbreit. *Kfz:* A 7, Ausfahrt Marktbreit, St 2418 bis Marktbreit, Parkplatz am Alten Kranen.

Besichtigung des Geburtshauses von Dr. Alois Alzheimer, Ochsenfurter Str. 15a, Voranmeldung bei der Tourist-Information Marktbreit.

Die spinnen, die Römer …

Wer im 1. bis 3. Jahrhundert n. Chr. irgendwo zwischen Untermain und Donau durchs westliche Franken wanderte, hatte gute Chancen, die Bekanntschaft eines römischen Legionärs zu machen. Die Römer zogen ihren Grenzwall, den Limes, von Neuwied in Rheinland-Pfalz über das fränkische Gunzenhausen bis hinüber ins unterbayerische Hienheim und hinterließen zahlreiche Spuren, die von Archäologen ausgegraben und rekonstruiert werden konnten.

Auch in Marktbreit entdeckte man 1985 überraschend Spuren römischen Lebens auf dem Kapellenberg. Doch was wollten die Römer hier in der fränkischen Kleinstadt, weit weg von Limes und Römergebieten? Sicher sagen können das heute nicht einmal die Experten. Auch fanden Archäologen trotz intensiver Grabungen so gut wie keine Überreste, die heute besichtigt werden könnten. Aber da der ehemalige Stützpunkt aus der Zeit des Kaisers Augustus glücklicherweise nie überbaut wurde, ließ sich anhand der dunklen Verfärbungen von Holzpfosten und Schwellbalken in der Erde der Aufenthalt des römischen Militärs auf dem Kapellenberg in Marktbreit nachweisen. Grund genug, hier für interessierte Bürger und Touristen einen 2,5 Kilometer langen Römerrundweg anzulegen, den wir uns heute einmal näher anschauen wollen.

Wir besteigen den Kapellenberg

Wir beginnen die Wandertour direkt am Mainufer, wo uns auf dem Parkplatz am Kranen bereits die ersten Hinweise zur römischen Vergangenheit in dieser Gegend in Form einer Informationstafel begegnen. Auf dem Weg Richtung Stadt lassen wir das gewaltige Eingangstor ins Zentrum Marktbreits rechts liegen und treffen unmittelbar auf das Malerwinkelhaus, das uns später bei der Aufarbeitung der römischen Zeitreise noch wertvolle Unterstützung liefern soll. Uns bieten sich nun zwei Varianten, um den Kapellenberg zu erklimmen. Mit Kinderwagen ist die Strecke über die Kapellensteige (allerdings ohne Fußweg) zu bevorzugen, wir dagegen marschieren ein Stück die Bachgasse entlang, um dann die steilere, aber verkehrsfreundlichere Alternative über zahlreiche Treppenstufen zu nehmen. So oder so gelangen wir den Berg hinauf, wo sich uns eine imposante Aussicht auf die Fachwerkromantik von Marktbreit bis hin zur 928 Meter langen Autobahnbrücke über den Main bietet. Oben im Wendekreis weist uns ein Pfeil nach links, eine schmale Straße entlang. Hier wird es ruhiger, der Anstieg dauert aber weiter an. Am Ende des Weges treffen wir auf die ehemalige Kapellenruine und heutige Kreis-Kriegergedächtnisstätte auf dem Kapellenberg. Nachdem wir den herrlichen Blick auf Main und Umgebung ausgekostet haben, folgen wir hinter der Kapelle einem engen Waldweg, zu dem uns ein paar Stufen führen. Am Ende des Pfades wenden wir uns nach rechts, biegen an der nächsten Gabelung nach links ab und finden uns unvermittelt auf einem Feldweg wieder, der von einer riesigen Ackerfläche umgeben ist. Und an dieser Stelle sollen die Römer gewesen sein? Es bedarf schon einiger Fantasie, um sich vorzustellen, dass hier 12 000 römische Soldaten in Mannschaftslagern, umgeben von Wehrmauern und Toranlagen, stationiert waren. Aber fangen wir langsam an. Sieben am Rundweg um den Acker aufgestellte Informationstafeln ermöglichen es uns häppchenweise, zu rekonstruieren, wie es auf dem Kapellenberg einmal ausgesehen haben könnte.

Fantasiereise in die römische Vergangenheit

So erfahren wir auf Tafel Nr. 2 detailliert, wie es zu der unerwarteten Entdeckung der römischen Anlage aus der Zeit des Kaisers Augustus kam und mit welchen wissenschaftlichen Methoden der Nachweis für die Existenz dieses Standortes erbracht wurde. Denn leider brannten die Römer vor dem Verlassen der Anlage alle Bauten bis auf die Grundmauern nieder, sodass keine handfesten Beweisstücke mehr vorhanden sind. Die dritte Tafel bietet uns umfassende Informationen zu den Wirtschaftsgebäuden im römischen Lager, während es an der nächsten Station um die Unterkünfte der Soldaten geht. Im Zuge der Ausgrabungen wurden Grundrisse von Quartieren der Centurionen gefunden und mit Funden aus anderen römischen Lagern verglichen. Aber letztendlich bleibt es bei Vermutungen, wie die Mannschaftsunterkünfte auf dem Kapellenberg aufgebaut waren. Und wie hat sich das Militärlager nach außen hin geschützt? Eine sorgfältige Rekonstruktion der hölzernen Toranlagen und der Wehrmauer gibt uns an einem weiteren Haltepunkt Antwort auf diese Frage.

Bei den Ausgrabungen auf dem Kapellenberg wurden aber auch Überreste von Siedlungen aus dem 6. Jahrhundert n. Chr. entdeckt. Von diesen Spuren aus der Hallstattzeit erzählt uns die sechste Tafel. Zahlreiche Kleinfunde geben uns Einblick in das Leben und Wirken der Menschen in jenem Zeitalter. Zurück zu den Römern führt uns die vorletzte Station, die die Bedeutung der zentralen Bauten im römischen Lager beleuchtet. Mit einem ganz besonderen Fund haben wir es dann auf der letzten Infotafel des Römerrundweges zu tun. Ein Skelett aus der Schnurkeramischen Kultur gibt uns Aufschluss über die Lebensweise der Menschen um 2800–2400 v. Chr.

Am Alten Kranen: Start des Römerrundweges

Mit einem abschließenden Blick überfliegen wir das vor uns liegende Feld. Jetzt haben wir eine vage Vorstellung davon, was sich hier vor etwa 2000 Jahren abgespielt haben soll.

Römische Geschichte zum Anfassen

Nachdenklich wandern wir den Feldweg geradewegs hinunter bis in die Wohnsiedlung und von dort entweder über die Treppenstufen oder die Straße entlang bis zum Museum Malerwinkelhaus. Sollten wir mittels unserer Vorstellungskraft das römische Heerlager nicht direkt vor uns gesehen haben, so hilft uns die Ausstellung *Römerkabinett* im Malerwinkelhaus weiter. Dank Computersimulation lassen sich Toranlagen, Wirtschaftsbauten und zentraler Bereich der römischen Anlage virtuell besichtigen. Auge in Auge mit einem beinahe lebensechten Legionär in kompletter Ausrüstung wird römische Geschichte nun doch noch lebendig. Und während wir uns, einen zwei Kilogramm schweren Römerhelm auf dem Kopf, wie ein Soldat jener Zeit das Mehl mit der Handmühle selber mahlen, weht ein Hauch von Asterix durch den Raum.

Sylvia Schaub

Oasen der Sinne 28

Spannender Rundwanderweg durch die Wiesen und Wälder des schönen Steinachtals, mit zahlreichen Erlebnis- und Sinnesstationen (Führungen möglich).

LAG Südlicher Steigerwald, Hauptstr. 3, 91443 Scheinfeld, Tel. 0 91 62/92 31 57, www.lag-steigerwald.de
Landschaftspflegeverband Mittelfranken, Tel. 0 91 62/92 85 70, www.lpv-mfr.de
Start des Rundweges ist die Steinachgrundhalle am Ortsrand von Münchsteinach.

Ganzjährig begehbar (je nach Wetterlage), besonders schön Mai–Okt.

6,5 km, ca. 2–4 Std.

Grundsätzlich für jedes Alter geeignet. Bei jüngeren Kindern aufgrund der Weglänge nur mit geländetauglichem Kinderwagen (teilweise kurze Passagen über Stock und Stein, einmal 15 Stufen hinunter, ansonsten flacher Wald und Feldboden).

ÖPNV: Mit der Bahn bis Neustadt/Aisch, dann Buslinie 146 nach Münchsteinach. *Kfz:* A 3, Ausfahrt Schlüsselfeld, St 2261 und St 2256 bis Mittelsteinach, dann St 2259 bis Münchsteinach, Parkplätze vorhanden.

Bauernhofcafé Rossberghof, Roßbacher Str. 2, 91481 Münchsteinach, Tel. 0 91 66/8 15, www.bauernhofcafe-rossberghof.de, Sa, So ab 13.30. Spielscheune, Bauernhoftiere, auf Anfrage können Kutschfahrten gebucht werden.

Eingangstür zur Natur

»Man erfährt hier, wie die Glieder sich bewegen, die Haut fühlt, die Finger greifen, der Fuß tastet ...« Diese Worte von Hugo Kükelhaus, dem Erfinder der Erfahrungsfelder zur Entfaltung der Sinne, waren der Grundstein für die Gestaltung des 6,5 Kilometer langen Rundweges Oasen der Sinne.

Wir starten unsere Tour am Parkplatz der Steinachgrundhalle. Auf einer übersichtlichen Informationstafel finden wir den Rundweg mit allen Kunst- und Sinneselementen. Merken müssen wir uns vor allem die gelb-rote Kennzeichnung *Mü 1*, die uns für die nächsten Stunden den Weg weisen wird.

Direkt hinter der Informationstafel wartet bereits das erste Objekt – *der Engel*, eine mehr als 600 Kilogramm schwere Eichenskulptur. Erwartungsvoll wandern wir anschließend links den asphaltierten Weg entlang bis zum Insektenhotel. Hier staunen vor allem die Kinder über so viele Nist- und Überwinterungsquartiere für die kleinen Tierchen.

Wer kann die Zeit anhalten?

Die nächste Tafel, eine sogenannte »Zeithaltestelle«, soll zum Nachdenken anregen, an späteren Haltestellen werden wir es mit kleinen, spitzfindigen Aufgaben zu tun bekommen. Wer kennt z. B. die Lösung auf die Frage: »Wie könnte man die Zeit anhalten?« Nach einer Wegbiegung treten wir über einen schmalen Pfad in den Wald ein. Hier erwartet uns endlich die erste aktive Herausforderung – die Taststation. Drei Laubbäume sollen anhand ihrer Rinde identifiziert werden. Zu jedem Baum gibt es eine Reihe von Informationen hinsichtlich Gestalt, Blätter, Blüten, Früchte und Vorkommen. Schaut euch doch mal um! Findet ihr diese Bäume auch hier im Wald?

Am Ende des Waldpfades schwenken wir nach rechts und überqueren einen Wanderparkplatz. Der breite Weg steigt allmählich an, und die plätschernde Steinach neben uns verschwindet immer weiter im Tal. »Wer kennt diese heimischen Nadelbäume?«, fordert uns die nächste Taststation heraus. Und wer entdeckt sie als Erster in der Umgebung? Ab und zu können wir uns am Wegesrande auch an einem tiefsinnigen Gedicht erfreuen. Die Lyrik scheint hier in freier Natur eine besondere Energie zu entfalten.

Die Wolfsquelle und keltische Hügelgräber

Mitten im Wald dirigiert uns der Wegweiser plötzlich nach links, ein paar Stufen hinunter. Unten am Fluss stoßen wir auf die Wolfsquelle. In diesem Gebiet haben einst die Kelten ihre Hügelgräber errichtet. Eine aus Eiche originell gefertigte Sitzgruppe soll in erster Linie als Holzskulptur wahrgenommen werden, bietet aber auch einfach Platz für ein kleines Picknick. Die nächste Zeithaltestelle fordert uns

auf, die Augen zu schließen. »Wie fühlen sich Deine Fußsohlen an? Wie schnell ist Dein Atem?« Ein weiteres Gedicht im Gepäck setzen wir unsere Route in rechter Richtung fort und lassen die Quelle hinter uns. Den kleinen Anstieg bewältigt, biegen wir links in einen Waldweg ein und lassen die würzige Luft von frisch geholzten Baumstämmen auf uns wirken.

Der Weg wendet sich nach links, und in einiger Entfernung können wir die nächsten Tafeln erkennen. Während der breite Weg rechts weiterführt, wandern wir, unserem gelb-roten Markierungsschild vertrauend, geradeaus auf dem etwas schmaleren Pfad weiter. Eugen Roth und Christian Morgenstern geben uns an dieser Stelle ein paar Zeilen zum Besten. Eine schwierigere Aufgabe erwartet uns allerdings an der dritten Tafel, wo wir uns bei mehreren Zungenbrechern im Schnellsprechen versuchen können. Wer schafft die Sätze ohne Fehler? Nachdem wir unsere Zungen wieder entknotet haben, genießen wir die idyllische Stille der friedlichen Waldatmosphäre. Weiches Moos bildet einen einladenden Teppich zwischen den Bäumen, und die einfallenden Sonnenstrahlen zaubern eine fast märchenhafte Stimmung hervor.

Hinter der nächsten Biegung wird es allerdings wieder spannend. Auf einem ausgedehnten Areal hat man dem Totenkult der Kelten einen eigenen Bereich gewidmet, und regionale Künstler haben Werke zu den Themen Mystik und Glauben inszeniert. Wir besichtigen ein Hügelgrab und begleiten den Kalender im keltischen Baumkreis, dann verlassen wir die mystischen Gefilde wieder und folgen dem Hinweis Richtung Baumtelefon.

Den Wald mit allen Sinnen erleben

Nun heißt es Ohren spitzen und lauschen. Stelle dich auf die eine Seite des Baumstammes und höre genau zu, wie eine andere Person auf der gegenüberliegenden Seite an den Stamm klopft oder kratzt. Du kannst die Geräusche trotz der Entfernung deutlich wahrnehmen. Wenige Schritte weiter stehen wir vor dem *Spinnennetz*. Hier ist sportliche Geschicklichkeit gefragt. Mit Wendigkeit und Teamgeist lässt sich die Aufgabe auf der Tafel, die für größere Gruppen besonders spannend und kniffelig ist, prima lösen. Lasst euch überraschen!

Als Nächstes dürfen sich endlich unsere Füße erholen und auf dem Barfußweg (Schuhe und Strümpfe ausziehen!) eine wohltuende Massage genießen. Mit geschlossenen Augen macht es doppelt

Taststation Laubbäume: Entdeckst du die Buche?

so viel Spaß. Im Anschluss daran können wir uns als Waldmusiker betätigen. Es macht nicht nur den Kindern viel Freude, die massiven Hölzer des Walddendrophons zum Erklingen zu bringen. Welch schöne Melodien doch die Natur versteckt hält!

Während die Töne noch nachklingen, verlassen wir den schmalen Waldpfad und kehren wieder auf den breiteren Forstweg zurück. Darauf gehen wir nicht lange, führt uns unser Wegweiser doch bald nach rechts, eine schmale, etwas holperige Strecke durch den Wald hinab. Unten überqueren wir erneut die Steinach über eine kleine Brücke und können auf dem nahegelegenen Hügel bereits die nächste Station, eine riesige Windharfe, erahnen. Ein paar Schritte über die Wiese und einen Schotterweg entlang, lauschen wir nun der Stimme des Windes. Es ist wirklich faszinierend, wie dieser, mal lau, mal heftiger, den Saiten der Äolsharfe die verschiedenen Töne entlockt. Am besten alle einmal ganz still sein!

Kunst und Lyrik unterwegs

Wir kehren wieder ein Stück zurück und folgen dann einem schmalen Wiesenweg, vorbei an weiteren Tafeln mit Gedichten und einer Zeithaltestelle. Die Dichter und Denker werden sich jetzt auf den Literarischen Hain freuen. Zahlreiche Verse und lauschige Sitzecken laden zu einer spannenden Lesung ein. Noch gefangen von den poetischen Zeilen, treffen wir dann allerdings wieder auf die Realität. Zwei gläserne Türen an der Ortsstraße sollen demonstrieren, dass man mit dem Betreten der Asphaltstraße den Bereich der natürlichen Umgebung verlassen hat. Die erste Tür simuliert den Ausgang aus der Natur, dafür darf man auf der gegenüberliegenden Straßenseite wieder hineinspazieren.

Wir wandern den Weg bis zum Waldrand und können hier unsere Zielsicherheit im Zapfenweitwurf mit »Purzelküh« (Kiefernzapfen) unter Beweis stellen. Nun geht es wieder in Richtung Münchsteinach, und wir passieren noch einmal ein auffälliges Kunstobjekt. *Aquila* nennt sich das hohe, silberne Gebilde und soll laut Hinweistafel einen Adler symbolisieren. Hinter der nächsten Wegbiegung können wir dann wieder selbst aktiv werden. Wir bringen die Helmholtz'schen Röhren zum Klingen, versuchen so weit wie ein Reh zu springen und setzen am Naturwebrahmen ein paar künstlerische Akzente. Schade, dass dies schon die letzte Station war!

Zum Abschluss lockt der Bauernhof

Nun geht es geradewegs zum Parkplatz zurück (Achtung, am See links abbiegen). Wer sich allerdings nach der Tour bei Kaffee und Kuchen erholen möchte, dem empfehlen wir auf unserem Erlebnisweg vor dem Ortsschild Münchsteinach die Straße nach rechts hinaufzulaufen. Im *Bauernhofcafé Rossberghof* gibt es samstags und sonntags leckeren, hausgemachten Kuchen, und die Kinder können sich in der Spielscheune austoben. Außerdem kann man auf Wunsch auch die tierischen Bewohner des Hofes, wie Kühe, Kälbchen, Pferde, Hasen und Hühner, kennenlernen.

Sylvia Schaub

Wo auf dem Berg die Hexen tanzen 29

Interaktive, naturnahe Wanderung auf den Petersberg mit insgesamt 15 Stationen zum Staunen, Mitmachen und Informieren.

Rathaus Marktbergel, Ansbacher Str. 1, 91613 Marktbergel, Tel. 0 98 43/9 59 10, www.marktbergel.de, Di 14.00–20.00, Fr 9.00–12.00.
Startpunkt der Wanderung: Parkplatz an der B 13, direkt gegenüber Ortsschild Marktbergel.

Jederzeit. Von Frühjahr bis Herbst können viele seltene Pflanzen entdeckt werden. Bei feuchtnassem Wetter auf den steilen Passagen Rutsch- und Matschgefahr!

3,5 km, ca. 1 ½–2 ½ Stunden.

Ab ca. 5 Jahre können Kinder die Strecke gut bewältigen. Der Weg ist an zwei Stellen sehr steil und ab Station 5 nicht mehr mit Kinderwagen befahrbar.

ÖPNV: Mit der Bahn bis Ansbach oder Oberdachstetten, dann Buslinie 705 nach Marktbergel; oder mit der Bahn bis Bad Windsheim, dann Buslinie 197 nach Marktbergel. *Kfz:* A 7, Ausfahrt Bad Windsheim, B 470 bis zur B 13, dann bis Ortseingang Marktbergel, direkt gegenüber liegt ein Parkplatz.

Getränke und Brotzeit einpacken, Rastmöglichkeiten vorhanden. Wetterfeste Kleidung und festes Schuhwerk anziehen. Fernglas mitnehmen – tolle Aussicht!

Auf zu ungeahnten Höhen

Wir wollen heute den zweithöchsten Berg erklimmen und nach Enzian suchen. Ob wir wohl in die Alpen reisen? Aber nein, keineswegs. Wir stehen mitten in Franken, am Fuße des Petersberges, der mit 504 Metern der zweithöchste Berg im Landkreis Neustadt/Aisch-Bad Windsheim ist. Und der Enzian ist nur eine der über 700

Speisekarte

Pflanzenarten, die man auf dem »sagenhaften« Berg bei Marktbergel entdecken kann. Orchideen, Katzenpfötchen und Klappertopf sind hier ebenso zu Hause wie einige selten gewordene Tierarten, z. B. der Schwalbenschwanz, die Kreuzkröte oder der Hirschkäfer.

Ein überdimensionales Schild zu Beginn der Wanderstrecke weist bereits auf den interaktiven Erlebnispfad hin, den wir uns heute vorgenommen haben. Zwei Tafeln an der ersten Infostation geben uns einige historische Fakten über den Petersberg mit auf den Weg, und aus einem kleinen Kasten nehmen wir einen Rätsel-Flyer. Jeder Schaukasten enthält eine Quizfrage, deren Antwort wir auf dem leuchtend gelben Blatt eintragen können, um am Ende der Tour einen Lösungsspruch zu erhalten. Erwartungsvoll marschieren wir den leicht ansteigenden, asphaltierten Wanderweg entlang und erreichen schnell die nächste Station. »Vögel« lautet die schlichte Überschrift, allerdings bringt die Sprechbox keinen einzigen Ton heraus. Macht aber nichts, denn wir können ja lesen und erfahren so doch noch eine Menge über Neuntöter, Zilpzalp & Co. Ausgedehnte Streuobstwiesen begleiten uns linker Hand den Berg hinauf, und rechts treffen wir kurz vor einer Kurve auf Bienenstöcke. »Vorsicht Lebensgefahr!«, lesen wir auf einem Warnhinweis. Das emsige Summen der gelb-braunen Honiglieferanten hält uns aber auch so auf respektablem Abstand.

Blätterspiele

Mit Kinderwagen lässt sich ab hier die Strecke Richtung Ameisenweg unbedenklich fortsetzen, für uns aber führt der Weg jetzt nach links, ein paar Meter am Waldrand entlang und dann rechts auf einem schmalen Pfad mitten in den Blätterwald hinein. Hier ist nun wirklich im Vorteil, wer gutes Schuhwerk dabei hat, denn es geht schmal und steil den Berg hinauf. Die Infotafel empfiehlt uns, verschiedene Blätter zu sammeln. Und ein paar Äste und Zweige für einen Besen. Wofür wir das brauchen? Das erfahren wir erst an den nächsten Stationen. Der enge Waldpfad mündet oben in einen breiteren Forstweg, den wir nach links abbiegen. Von den am Hang gelegenen Bänken haben wir eine herrliche Aussicht über die Streuobstwiese hinunter ins Tal. Direkt gegenüber kommen nun unsere zahlreichen Blätter zum Einsatz. An einer Baumdrehscheibe können wir prüfen, ob wir alle Blätter den richtigen Bäumen zugeordnet haben. Zufrieden mit dem Ergebnis wandern wir weiter, bis wir ein weites Wiesenplateau erreichen. Am Rande der Grünfläche kosten wir den grandiosen Blick auf die unter uns liegenden Gemeinden aus. Bis nach Bad Windsheim und zur Burg Hoheneck reicht unsere Sicht. Eine hinter Glas liegende Reliefkarte hilft uns bei der Zuordnung der von hier oben winzig wirkenden Städtchen und Berge. Man könnte meinen, wir hätten den Gipfel bereits erreicht, ein Blick nach rechts über unsere Schulter belehrt uns aber eines Besseren. Von oben lockt das Gipfelkreuz, und so kurz vor dem Ziel geben wir natürlich nicht auf.

Der Gipfel naht

Vorher können wir noch einen Spaziergang durch den Heckentunnel machen. Der etwa zehn Meter lange Tunnel bietet tiefe Einblicke in den Lebensraum Hecke. Über mehrere Glasscheiben haben wir direkte Sicht auf das Quartier von etwa 7000 Tier- und Pflanzenarten. Neben ihrer Funktion als Unterschlupf und Nahrungsquelle dient die Hecke auch als Wind- und Lärmschutz und sorgt durch anhaltende Luft- und Bodenfeuchte für verbesserte klimatische Bedingungen in der Umgebung.

Dann stehen schließlich die letzten Meter zur Ersteigung des Petersberges bevor. Noch ein kleines, aber steiles Stück Weg, und wir haben das Ziel erreicht. Auf über 500 Meter Höhe erscheinen uns die unten liegenden Ortschaften wie Spielzeugdörfer, und am Horizont macht sich die schmale Südkante des Steigerwaldes breit. Neben dem Gipfelkreuz entdecken wir unter einer weiteren Tafel eine Wetterstation und erfahren, wie man Windgeschwindigkeit, Luftfeuchte und Regenmenge bestimmt. Bei diesem umfangreichen Wissen bereitet uns auch die Quizfrage »Was misst ein Hygrometer?« kein Kopfzerbrechen. Die umstehenden Bänke, teilweise mit Tisch, laden unter blauem Himmel zu einem Picknick ein. Uns zieht es – nachdem wir den Ausblick genossen haben – allerdings wieder ein paar Meter abwärts. Auf der Rückseite des Berges geht es an einem hölzernen Geländer etliche Stufen hinunter, und der Weg windet sich seitlich um den Berg herum. Ein Stückchen tiefer erreichen wir ein weiteres Plateau und unser nächstes Etappenziel – die Hängematten. Hier lässt es sich herrlich relaxen, und an einer Holzbank mit Tisch können wir nun auch unsere Vesper genießen.

Wir proben die Walpurgisnacht

Eine Infotafel erzählt uns Erstaunliches zu den Sagen, die sich um den Petersberg ranken. Anlässlich der Überlieferungen rund um die Hexentänze in der Walpurgisnacht wird hier noch heute jedes Jahr

Naturerlebnispfad mit Ausblick: Horch mal in den Summstein rein!

im September ein großes Feuer veranstaltet, um das die »Hexen« vom Petersberg auf ihren Besen tanzen. Jetzt wissen wir auch, wofür wir im Wald das Reisig gesammelt haben. Genug relaxt, genug getanzt – nun wartet der Abstieg auf uns. An der Tafel biegen wir nach rechts ab und wandern den schmalen Wiesenpfad am Geländer den Berg hinab. Unten öffnet sich das Blickfeld, und wir passieren mehrere Schafweiden. Leider blökt uns heute kein einziges Wolltier entgegen, stattdessen lässt der örtliche Schäfer auf Tafel Nr. 13 tief in seinen anstrengenden und ganz und gar nicht romantischen Berufsalltag blicken. Der Feld- und Wiesenweg mündet schließlich in eine Schotterstraße, die uns weiter nach links führt. Die vorletzte Infotafel stellt uns schließlich vor die Frage: »In welchem Medium ist Gips zu finden?« Die lehrreichen Hinweise zum Gipsabbau in der Region liefern auch hier die Quelle für die richtige Lösung. Einen Abstecher zur letzten Station, zum Hohlweg, können wir am Ende des Weges machen, wenn wir nach links abbiegen. Rechts führt uns die Strecke zur nächsten Weggabelung und dann linker Hand Richtung Parkplatz zurück. Nach wenigen Metern sind wir wieder an unserem Ausgangspunkt angelangt. Nur noch eine allerletzte Frage stellt sich uns jetzt: »Wer kennt nun den richtigen Lösungsspruch?«

Sylvia Schaub

Schon gewusst?
Man erzählt, dass sich im Petersberg ein unterirdischer Gang befindet, der nach Bergel in die untere Kirche und von dort bis ins Pfarramt führen soll. Ein Jäger aus Wertheim schilderte die Geschichte von seinem Dackel, der in einem vermeintlichen Dachsloch im Petersberg verschwand. Nach einem hörbaren Aufprall mutmaßte der Jäger, dass sein Tier in ein riesiges Gewölbe gefallen sein musste. Seinen Vierbeiner sah er jedenfalls nie wieder. Dann gibt es noch die Erzählung von Bauer Reuther, der einen Schatz im Berg vermutete und selbst über einen Felsspalt hineinkroch. In einem Gewölbe fand er glitzernde Kostbarkeiten, mit denen er seine Taschen füllte. Auf dem Rückweg war aber der Ausgang so eng, dass er ohne Hilfe nicht mehr hinauskam. Als ihn einige Nachbarn herausziehen wollten, rissen seine Taschen ab, und somit war auch der Schatz verloren. Hineingeklettert ist danach nie wieder jemand.

Das fränkische San Gimignano 30

Rothenburgs großartige Stadtansicht aus der Vogel- und der Froschperspektive: Den Blick von oben genießen wir aus einem der Stadtmauertürme, den von unten aus dem Taubertal. Hier kann man mit dem »Märchenschloss« Wildbad, dem Schandtaubertal und dem Topplerschlösschen drei weitere Ziele ganz nach Geschmack kombinieren.

Topplerschlösschen, Fam. Boas, Taubertalweg 100, 91541 Rothenburg o. d. Tauber, Tel. 0 98 61/73 58, Fr–So 13.00–16.00 und nach Vereinbarung, im Nov geschlossen. Eintritt: 1,50 €/1 €.
Kriminalmuseum, Burggasse 3, 91541 Rothenburg o. d. Tauber, Tel. 0 98 61/53 59, www.kriminalmuseum.rothenburg.de, Mai–Okt tägl. 10.00–18.00 (im Winter verkürzt). Eintritt: 5 €/3 €.
Staatsverlies (Zugang über Rathausinnenhof), Tel. 0 98 61/8 67 51, Mai–Okt tägl. 9.30–17.30 (im Winter verkürzt). Eintritt: Familienkarte 6 €.

Rund ums Jahr empfehlenswert (Achtung: im Winterhalbjahr keine Einkehrmöglichkeit im Tal).

Spaziergang Stadtmauer–Wildbad–Topplerschlösschen und zurück in die Stadt: etwa 4 km, ca. 2 Std. (ohne Einkehr). Wasser-Lehrpfad im Schandtaubertal: hin und zurück 4 km, 1–2 Std.

Schon mit Kleinkindern möglich, mit Kinderwagen jedoch nur eingeschränkt zu empfehlen (ab Parkplatz Wildbad). Größere Kinder machen sich im Topplerschlösschen, Kriminalmuseum oder Rathaus-Verlies ein Bild vom Mittelalter.

ÖPNV: Mit der Bahn bis Rothenburg o. d. Tauber. *Kfz:* A 7, Ausfahrt Rothenburg, bzw. B 13/B 470. Parken: P 4 (Rödertor) oder P 1/P 2 (Spitalbastei). Bei Tour mit Kinderwagen: Parkplatz unterhalb des Wildbads.

Sonntagscafé in der Tagungsstätte Wildbad, Taubertalweg 42, Tel. 0 98 61/9 77-0, nur im Sommerhalbjahr geöffnet, Öffnungszeiten tel. erfragen.

E. W. Heine: Toppler. Ein Mordfall im Mittelalter, Zürich 1990.

Wir erobern die Stadt

Kann man eine Stadt mit gefühlten 50 000 Besuchern pro Tag guten Gewissens für den Familienausflug empfehlen? Und ob – denn Rothenburg hat dank der Lage »ob« der Tauber eine Stadtansicht zu bieten, die in Franken einzigartig ist (und auch den Vergleich mit der Konkurrenz in Italien oder Frankreich nicht zu scheuen braucht).

Die Stadtmauer ist wie geschaffen dafür, Rothenburg mit dem Nachwuchs einzunehmen. Wir betreten die Altstadt, von der Ansbacher Straße kommend, durch das Rödertor. Vom Torturm können wir einen prächtigen Ausblick auf die Stadt und ihr Umland genießen. Danach gehen wir im Wehrgang der Stadtmauer Richtung Spitalviertel weiter und haben dabei die Fachwerkhäuser und Türme der Altstadt im Blick. Schließlich gelangen wir zur Spitalbastei, dem mächtigen Festungsbauwerk am südlichen Rand der Altstadt. Von der im 17. Jahrhundert errichteten Bastion mit Wallgraben ließen sich Angreifer gleichsam aus mehreren Etagen abwehren, was sich mit der im ersten Stock befindlichen Kanone prima nachspielen lässt ... Wer anschließend die Altstadt entdecken möchte, geht hier durch die Spitalgasse ins Zentrum. Wir aber wollen uns die Stadt von unten ansehen und verbinden den Abstieg ins Taubertal mit einem Besuch im historischen Wildbad.

Romantisches Wildbad, wilde Schandtauber

Gegenüber der Bastei öffnet sich ein unscheinbares Tor, das über verschlungene Pfade und Stufen hinunter zum Wildbad, einem märchenhaften Bauwerk im Taubergrund, führt. 1356 hatte ein schweres Erdbeben eine Quelle freigelegt. Bereits im Mittelalter kam es zu einem regelrechten Badebetrieb, der über die Jahrhunderte nachließ, als eindringendes »wildes« Wasser die Heilqualität minderte. Eine Neubelebung versuchte ein Augsburger Unternehmer, der Ende des 19. Jahrhunderts die pompösen Gebäude erbauen ließ. Der Kurbetrieb wurde 1917 eingestellt, und nach diversen Nutzungen richtete die evangelische Kirche hier schließlich 1978 ein Bildungswerk ein.

Bestens genießen kann man die verwunschene Atmosphäre des großen Parks an Sommersonntagen, wenn die Terrasse für Besucher als Café geöffnet ist. Vom Park aus bietet sich eine kleine Wanderung entlang der Schandtauber (die kleine, wilde »Schwester« der Tauber) an. Dazu geht man am Fuß des Hauptgebäudes durch die Wandelhalle und überquert die Tauber über die hölzerne Brücke. Nach links gehend, erreicht man nach einigen Hundert Metern mehrere Mühlengebäude, an denen Tauber und Schandtauber zusammenfließen. Hier zeigt eine Wandertafel den Beginn des etwa zwei Kilometer langen wasserwirtschaftlichen Lehrpfads an. Es lohnt sich, den Schildern entlang des munteren Wildbaches in herrlicher Landschaft zu folgen und dabei Interessantes über den Fluss, seine Lebewesen oder die Sicherung der Ufer zu erfahren.

Panoramablicke auf Stadt und Tal

Zurück an der hölzernen Tauberbrücke am Wildbad wollen wir nun den Blick vom Tal auf die Stadt genießen. Wir bleiben auf der wenig befahrenen Straße und passieren wiederum Mühlengebäude, bis unser Sträßchen in die größere Landstraße einmündet und wir

Rothenburg aus der Froschperspektive

Wochenendhaus mit Zugbrücke und Wassergraben – das Topplerschlösschen

die von einem steinernen Esel bewachte Tauberbrücke überqueren können. Linker Hand ist jetzt die große Steinmühle zu sehen, und schon bald kommt das beeindruckende Rothenburger Stadtpanorama in den Blick. Die Doppelbrücke im Vordergrund sicherte schon im Mittelalter den Verkehr zwischen Frankfurt und Nürnberg. Nachdem wir uns sattgesehen haben, unterqueren wir das imponierende Bauwerk auf dem schmalen Fußweg. Dieser führt uns weiter, am Kobolzeller Kirchlein vorbei und schließlich den Hang hinauf und in den Weinberg hinein. Unschwer ist zu erkennen, dass wir uns bei Weggabelungen rechts halten müssen, um ganz nach oben zum Durchlass in der Burggartenmauer und damit in die Stadt zu gelangen.

Im Burggarten erinnert nur noch die Blasiuskapelle an die Stauferburg des 12. Jahrhunderts, die nach Erdbebenschäden bereits im 14. Jahrhundert abgetragen wurde. Majestätisch ist der Blick von der Spitze des Gartens hinunter ins Taubertal – hier springt uns unser nächstes Ziel, der himmelblau gestrichene Turm des Topplerschlösschens, ins Auge.

Um dorthin zu gelangen, gehen wir zurück zu den Zollhäuschen vor dem Burgtor und wenden uns dem Stadtmauerdurchlass auf der linken Seite zu. Direkt hinter dem Durchlass wählen wir den nach links hinunterführenden Fußweg. Dieser mündet in den aus dem Weinberg kommenden Weg, dem wir nach rechts steil hinunter ins Tal folgen, bis wir die Tauber auf einer überdachten Brücke überqueren können. Jetzt noch ein kleines Stück auf der Straße nach links und schon stehen wir zwischen der stattlichen Fuchsmühle und dem Zugang zum Topplerschlösschen.

Ein mittelalterliches Wochenendhaus

Heinrich Toppler regierte Rothenburg mit nur wenigen Unterbrechungen von 1373 bis 1408 als gewählter Bürgermeister und führte die Stadt zu einer nie gekannten Blüte. Auch für das Wohlergehen seiner Familie sorgte er vor: Mit den Jahren baute er ein riesiges Vermögen auf, das ihm auch den Bau des Wohnturms im Jahre 1388 ermöglichte – eine Art mittelalterliches Wochenendhäuschen vor den Toren der Stadt, abgesichert durch Zugbrücke und Wassergraben. Die Sorge um seine Sicherheit war offenbar nicht unberechtigt, schließlich wurde er 1408 von Ratsmitgliedern seiner eigenen Stadt ohne Anklage eingekerkert und kam unter ungeklärten Umständen zu Tode. Bei einer Führung kann man dem heutigen Eigentümer auf den steilen Stufen in den Wohnturm hinauffolgen. Zwar ist im Inneren kaum etwas aus Topplers Zeiten erhalten, dennoch lohnt allein der ungewöhnliche Bau den Besuch. Nach so viel Mittelalter kommen dann Kaffee und hausgemachter Kuchen auf der Terrasse der gegenüberliegenden Fuchsmühle gerade recht.

Zurück nach Rothenburg gelangen wir auf dem bekannten Weg über den Burggarten. Durch das Burgtor betreten wir die Stadt und können jetzt zum Beispiel im Kriminalmuseum noch manch Gruseliges über die mittelalterliche Strafpraxis erfahren. Im Keller des Rothenburger Rathauses sind übrigens die Verliese zu besichtigen, in denen man Toppler einst festhielt und vermutlich verkümmern ließ. Wer sich statt solch schauriger Orte doch lieber irdischen Genüssen zuwendet, findet in Rothenburg eine große Palette der unterschiedlichsten Einkehrmöglichkeiten.

Barbara Neukam

31 *Bauernhof-Olympiade*

Wir entdecken Brummer's Bauernhof in Sammenheim bei Gunzenhausen auf spielerische Art und Weise.

Brummer's Bauernhof, Simone Brummer, Sammenheim 93, 91723 Dittenheim.
Hinweis: Bei Redaktionsschluss der 2. Auflage wurde der Programmpunkt Bauernhof-Olympiade vom Veranstalter vorübergehend ausgesetzt, der Zeitpunkt der Fortführung war noch nicht bekannt. Für nähere Informationen zum aktuellen Angebot wenden Sie sich an 098 33/98 85 66 oder www.brummers-bauernhof.de

Bauernhof-Olympiade Apr–Okt wöchentlich. Termine im Internet oder tel. erfragen. Darüber hinaus werden weitere, der Jahreszeit entsprechende Workshops und Programme angeboten.

Ca. 3 Std.

Kinder ab Laufalter sind begeistert dabei, wenn (Kinder-) Schubkarren durch die Ställe geschoben, Kühe gefüttert und Hasen gestreichelt werden.

ÖPNV: Mit der Bahn nach Treuchtlingen oder Gunzenhausen, dann Buslinie 801.1 nach Sammenheim (sonntags fährt der Bus nicht). *Kfz:* A 6 bis Ausfahrt Schwabach-West, B 466 bis Gunzenhausen, B 13 bis Aha, dann über Aha und Pflaumfeld nach Sammenheim.

Bequeme und robuste Kleidung anziehen.

Willkommen in der Babystube

»Wie kommt die Milch in die Tüte?« und »Wie wird das Schaffell zum Wollknäuel?« Wer sich mit Kindern beschäftigt, weiß, dass solche Fragen früher oder später auftauchen. Schön ist es dann, dass es Orte wie Brummer's Bauernhof gibt, wo man die Antworten nicht nur nachlesen, sondern aktiv vor Augen geführt bekommen kann.

Unter der Führung von Erlebnisbäuerin Simone Brummer werden wir heute im Rahmen einer Bauernhof-Olympiade den Alltag eines Milchviehbetriebes kennenlernen und darüber hinaus noch einigen typischen Hofbewohnern begegnen. Für die Aufgaben, die die Kinder im Laufe der Olympiade zu bewältigen haben, bekommen sie vorher Kärtchen ausgehändigt, die sie nach und nach mit lustigen Tierstempeln füllen können.

Wir versammeln uns um die sympathische Bäuerin, die an einem abgebrochenen Kuhhorn zeigt, was den Tieren im Stall passieren kann, wenn sie von lauten Geräuschen oder schnellen Bewegungen erschreckt werden. Die Botschaft ist angekommen, auch die Kinder haben verstanden, dass es wichtig ist, langsam und leise durch den Stall zu gehen.

Nun dürfen sich die jungen Gäste ihre Stempel verdienen. Im Hof steht die »Babystube«, und die beiden wenige Tage alten Kälbchen in den Kälber-Iglus benötigen frisches Stroh. Begeistert werfen die angehenden Nachwuchslandwirte Stroh in die Boxen und lassen sich von den feuchten Schnauzen der neugierigen Vierbeiner beschnuppern.

Vom Kindergarten bis zur Berufsschule

Nach den Babys geht es zum Kälber-Kindergarten in den Stall. Hier befinden sich die Jungtiere zwischen fünf Wochen und fünf Mona-

Die Babystube: Die Kälbchen brauchen frisches Stroh

ten, die von den Kindern mit Heu gefüttert werden dürfen. Simone Brummer streckt Kälbchen Pauline ihre Hand entgegen. Wer sich traut, kann dem jungen Tier einmal auf den Zahn fühlen. Die raue Zunge wirkt wie Schmirgelpapier, und wir stellen fest, dass die Kälber nur im Unterkiefer Zähne haben. Daher muss auch niemand befürchten, dass die kleine Mutprobe weh tun könnte.

»Was kommt nach dem Kindergarten?«, werden die jungen Besucher gefragt. Natürlich die Schule! Im Stall nebenan treffen wir die Schülerinnen von der ersten Klasse bis zur Berufsschule. Unseren aufmerksamen Sprösslingen fällt sofort auf, dass die Hörner der Kühe mit dem Lebensalter immer größer werden. Die ältesten Tiere in diesem Stall sind erstmalig trächtig und nach dem Kalben dann auch in der Lage, Milch zu geben. Die kleinen Teilnehmer der Bauernhof-Olympiade dürfen mit Kinderschubkarren das Futter, eine Mischung aus Grassilage, Maissilage und Heu, für die Kühe heranfahren. Im Anschluss wird der Stall mit kleinen Besen wieder blitzeblank gefegt.

Wo steckt meine Kuh?

Dass Brummer's Bauernhof nicht nur Kühe beherbergt, entdecken wir an der nächsten Station. Die Minischweine Goliath und Paul grunzen uns neugierig entgegen und schlagen die angebotenen Apfelstücke natürlich nicht aus. Bei einem Schubkarrenrennen können die Bauernhof-Olympioniken dann ihre Geschicklichkeit unter Beweis stellen. Unter lauten Anfeuerungsrufen darf jedes Kind mit der Schubkarre einmal einen Slalomparcours durchfahren. Auch für diese Aufgabe gibt es selbstverständlich einen Stempel auf dem persönlichen Kärtchen.

Zwei niedliche Hasen warten anschließend auf Streicheleinheiten und leckere Knabbereien.

»Welche Tiere fehlen uns nun eigentlich noch?«, möchte unsere Hofführerin wissen. Na klar! »Die Mama-Kühe und die Buben!«, sprudeln die Kinder wie aus einem Mund heraus. Simone Brummer macht es spannend. Vor dem Stalltor lässt sie den erwartungsvollen Jungen und Mädchen die Augen verbinden und führt sie langsam in den Stall hinein. Nun heißt es, die Umgebung erst einmal nur mit Ohren und Nase aufzunehmen und auf sich wirken zu lassen. Danach ist allerdings wieder ein scharfer Sehsinn gefragt. Anhand von Fotos sollen die Mutterkühe im Stall gesucht werden. Keine leichte Aufgabe.

Nun wollen die Kinder natürlich auch wissen, was es mit der Milch auf sich hat. An einem Gummieuter können sie das Melken

Fütterung im Kälber-Kindergarten

selber ausprobieren, und in der Milchkammer erklärt Simone Brummer ganz genau, wie die Milch über eine Melkmaschine in einen riesigen Milchtank geleitet wird. Etwa 800 Liter Milch werden alle zwei Tage von einem Tanklastwagen in die Molkereien gebracht.

Das Butter-Schüttel-Erlebnis

Wer viel arbeitet, muss auch etwas essen. Die jungen Bauernhofgäste bekommen Gläser mit frischer Sahne und dürfen sich nun ihre Butter für die Brotzeit eigenhändig schütteln. Das macht nicht nur Spaß, sondern schmeckt gleich doppelt lecker.

Gut gestärkt, können noch die französischen Zwergschafe gestreichelt und im Hof herumgeführt werden. Zum krönenden Abschluss gibt es eine Rundfahrt auf dem Traktor.

Tief beeindruckt und rundum zufrieden begutachten die Kinder ihre vollgestempelten Teilnahmekärtchen, und auch wir Eltern haben heute viel dazugelernt.

Sylvia Schaub

32 Einmal zur Sonne und zurück

Radrundstrecke über den Planetenweg mit der Darstellung unseres Sonnensystems im Verhältnis 1:1 Milliarde bis hin zum sommerlichen Freizeitzentrum am Brombachsee.

Gemeindeverwaltung Georgensgmünd, Bahnhofstr. 4, 91166 Georgensgmünd, Tel. 0 91 72/7 03-72, www.georgensgmuend.de, kostenlose Broschüre zum Planetenweg erhältlich.
Tourist-Information Stadt Spalt, Herrengasse 10, 91174 Spalt, Tel. 0 91 75/79 65-0, www.spalt.de

Das ganze Jahr. Im Frühjahr und Herbst besonders angenehm zum Radeln, im Sommer reizvoll für den Badespaß am Brombachsee.

Ca. 24 km, etwa 4 Std., je nach Aufenthalt am Brombachsee (nur Planetenweg ca. 7 km).

Für die gesamte Radtour sollten die Kinder schon ziemlich sicher Rad fahren können. Mit Fahrradanhänger möglich, allerdings zwei sehr steile Abschnitte. Reiner Planetenweg auch mit Fahrradanfängern möglich, diese Strecke ist ebenfalls mit Inlineskates interessant (Skaterbahn an der Strecke) oder zu Fuß durchführbar (zurück über den Judenweg oder per Bus).

ÖPNV: Mit der Bahn bis Georgensgmünd, dann zu Fuß oder mit Buslinie 626 bis zum Rathaus. *Kfz:* A 6, Ausfahrt Roth, dann B 2 bis Georgensgmünd, kostenlose Parkplätze hinter dem Rathaus.

Arche Brombachsee Café und Restaurant, Allmannsdorf 40, 91785 Pleinfeld, Tel. 0 91 44/9 30 70, Mär–Okt (und auf Anfrage), direkt am Sandstrand des Brombachsees gelegen. Im Sommer ggf. Badesachen mitnehmen!

Am Anfang steht die Sonne

Die Sonne scheint in Georgensgmünd an jedem Tag – zumindest als Modell. Die golden glänzende Kugel mit 1,4 Meter Durchmesser liegt auf einem hohen Stahlgerüst hinter dem Rathaus, direkt am

Start des Planetenweges: Die Sonne scheint in Georgensgmünd

Ufer der fränkischen Rezat, und bildet den Startpunkt des Planetenweges. Der im Ort ansässige Architekt und Künstler Rolf Drießlein entwickelte diese originelle Strecke »durch das Sonnensystem«, um die unvorstellbaren Entfernungen und Größen der Sonne und ihrer Planeten plastisch darzustellen und auch für den astronomischen Laien begreifbar zu machen. Sowohl Distanzen als auch Umfang von Sonne und Planeten finden wir auf unserer Tour im Maßstab 1:1 Milliarde originalgetreu wiedergegeben. An jedem Planetenstandort erfahren wir wissenswerte Fakten wie Sonnenentfernung, Dichte oder Oberflächentemperatur und weitere interessante Besonderheiten zu Merkur, Venus, Erde, Mars, Jupiter, Saturn, Uranus, Neptun und Pluto. Wem ist beispielsweise bekannt, dass der Merkur sich so langsam dreht, dass ein Merkurtag 176 Erdentagen entspricht? Die Venus dreht sich nicht nur schneller als die Erde, sondern auch noch rückwärts, sodass die Sonne hier im Westen auf- und im Osten wieder untergeht. Der Jupitertag ist dagegen innerhalb von zehn Stunden wieder vorbei. Eine dichte Wolkenhülle macht eine Beobachtung dieses Planeten unmöglich. Der Saturn ist zwar fast doppelt so weit von der Sonne entfernt wie der Jupiter, dafür ist er für uns mit bloßem Auge sichtbar. 30 Jahre benötigt er, um einmal die Sonne zu umrunden.

Rasante Fahrt durch das Sonnensystem

Nachdem wir uns »unter der Sonne« ausreichend über den Streckenverlauf des Planetenweges informiert haben, radeln wir auf dem asphaltierten Weg in Richtung Spalt los. Bereits in Sichtweite liegt die nächste Schautafel mit dem Planeten Merkur. Winzige fünf Millimeter misst die Abbildung des Merkur in dem kleinen Fenster. Auch Venus, Erde und Mars, die jeweils nur wenige Meter voneinander entfernt liegen, kommen als Modell über Durchmesser im Millimeterbereich nicht hinaus. An einer Weggabelung biegen wir nach links ab und befinden uns direkt beim Jupiter. Mit einer Modellgröße von 14 Zentimetern wirkt der Jupiter den vorherigen Planeten gegenüber fast schon riesig.

Nun liegt eine leichte Steigung vor uns, und wir fahren eine Weile durch ein Wohngebiet. Am Ende der Straße führt uns die Route nach rechts, und wir radeln nun über die Trasse der ehemaligen Spalter Bahn, die uns bis zum alten Spalter Bahnhof führen wird. Auf dieser Strecke werden wir allerdings noch weitere Planeten passieren, wie zum Beispiel den Saturn, der bereits knapp eineinhalb Kilometer von dem Sonnenmodell entfernt liegt. Überhaupt werden die Entfernungen zwischen den Planeten nun immer größer. Wir verlassen das Gewerbegebiet von Georgensgmünd und treffen in einem Waldabschnitt auf den Uranus. Kurz vor Wasserzell landen wir dann beim Neptun und überqueren ein paar Meter weiter die Staatsstraße 2223 nach Spalt. Parallel zur Staatsstraße erreichen wir schließlich den Ortseingang von Spalt und fahren praktisch direkt auf den alten Spalter Bahnhof und die letzte Station des Planetenweges zu. Der im Modell drei Millimeter kleine Pluto wird uns per Informationstafel als »großer schmutziger Schneeball« vorgestellt und weist in der Nachbildung eine Entfernung von knapp sechs Kilometern zur Sonne auf.

Wo ist der Brombachsee?

Wir folgen nun rechts dem Hinweisschild *Radweg Brombachsee* und biegen an der Abzweigung links auf die Staatsstraße 2223 ab. Auf dieser radeln wir ein Stück geradeaus, bis wir an eine größere Kreuzung kommen, wo uns die Strecke linker Hand Richtung Groß-

weingarten führt. Die Weingarterstraße verläuft dann einen äußerst steilen, etwa eineinhalb Kilometer langen Berg hinauf. Wir kapitulieren und schieben unsere Räder bis zur Dorfmitte des beschaulichen Ortes. Am höchsten Punkt angekommen, schwingen wir uns wieder auf unsere Drahtesel und radeln nach rechts Richtung Ortsausgang. Nachdem wir die Fußballfelder des örtlichen Sportvereins hinter uns gelassen haben, biegen wir links in eine wenig befahrene Nebenstraße ein. Ein kurzes Stück weiter hören wir über uns das Surren einiger Modellflugzeuge, die auf einem Gelände neben uns ihre Start- und Landefläche haben. Wir fahren weiter geradeaus, lassen mehrere Abzweigungen rechts liegen und steuern schließlich auf eine einsam gelegene Kreuzung zu. Nun sausen wir links den Berg hinunter, folgen der Straße in eine 90-Grad-Kurve nach rechts und durchqueren den ehemaligen Wallfahrtsort Heiligenblut, der lediglich aus einem Bauernhof und einer Kapelle besteht. Nach der kurzen Fahrt durch ein Waldstück taucht vor uns endlich der Brombachsee auf.

Zurück Richtung Sonne

Unsere Route setzt sich linker Hand fort, und wir können vom Radweg am großen Brombachspeicher aus immer wieder einen Blick auf das ruhige, glitzernde Wasser des künstlich angelegten Stausees werfen. Am Nordostufer des Sees erreichen wir die Freizeitanlage Allmannsdorf. Hier können wir uns im Biergarten der *Arche* eine Erfrischung gönnen oder im Sommer den Sandstrand mit Badezone nutzen. Der Brombachsee kann ebenso mit Tretboot oder per Schifffahrt erkundet werden. Nachdem die Kinder sich auf dem großen Spielplatz ausgetobt haben, führen wir unsere Radtour am Parkplatz vorbei Richtung Allmannsdorf fort. Im Ort biegen wir nach rechts und nach dem Dorfende noch mal nach links ab. Nun müssen wir erneut eine mühevolle Steigung bis in die Gemeinde Stirn bewältigen. Oben an der Straßenkreuzung fahren wir geradeaus, und kurz vor dem Ortsende biegen wir nach links ab. Dann radeln wir an Wiesen und Feldern vorbei, durchqueren einen Stück Wald und treffen am Ende des Weges schließlich auf die Verbindungsstraße zwischen Ober- und Unterbreitenlohe. Wir zweigen nach links ab und sausen in frischer Fahrt bergab durch Unterbreitenlohe. Nach der kleinen Ortschaft überqueren wir die Staatsstraße 2223 und befinden uns rechter Hand wieder auf dem Planetenweg zurück in Richtung Sonne.

Sylvia Schaub

Eine 14 Kilometer lange Geschichte

33

Rundwanderung oder Radtour durch den Wald um den Heidenberg, entlang einer mit Infotafeln zu örtlichen Sagen ausgeschilderten Route.

Gemeinde Büchenbach, Rother Str. 8, 91186 Büchenbach, Tel. 0 91 71/97 95-40, www.buechenbach.de.
Geführte Sagenwanderungen, auch in Englisch oder Italienisch, unter 0 91 71/9 79 50 oder 0 91 22/9 25 50 zu buchen.

Am besten im Sommer.

2 bis mehrere Std.

Für größere Kinder: Es warten viel Weg und viel Text.

ÖPNV: Mit der S-Bahn bis Büchenbach, von dort der Ausschilderung folgend ins 3 km entfernte Kühedorf, wo eine erste Wanderstation wartet. *Kfz:* Auf der A 6 bis Schwabach, dann nach Kammerstein, wo sich der offizielle Einstieg in den Rundweg befindet. Oder über Götzenreuth nach Kühedorf; ideale Startpunkte sind die Wanderparkplätze in Kühedorf oder Ungerthal.

Heute Wald im Winkel, früher ein Verkehrsknotenpunkt

Unterwegs war man am Heidenberg schon immer. Bereits im frühen Mittelalter führten wichtige Straßen hier entlang: die Verbindung Nürnberg-Burgund und die Reichsstraße nach Italien. Auch Goethe soll auf der Rückreise von der Schweiz vorbeigekommen sein. Kein Wunder, dass einige der Geschichten, die der Volksmund sich rund um den Heidenberg erzählt, mit dem Reisen zu tun haben, so etwa die vom Hexenbein, das ist eine 13., also überzählige Radspeiche, die, wer hätte es gedacht, Unglück bringt. Oder die Sage vom Fuhrmann auf dem Steinkreuz. Aber auch Attilas Grab, einen

Auf dem Sagenfest wird im Wald musiziert

Schatz und einen feurigen Pudel in seiner Höhle hat der Heidenberg zu bieten, zumindest als Erzählungen.

Vor Ort finden sich schön gestaltete Tafeln mit einem historischen Bild und einem ausführlichen Text. Es ist spannend, wie Historie und Märchen dabei ineinanderfassen. Greif- oder gar Spielbares in der Umgebung gibt es allerdings meist wenig, weshalb wir die Wanderung für größere Kinder empfehlen, die Spaß am Lesen und Nachfragen haben.

Mein Sohn wurde nur vom Wetter abgehalten, der Geschichte mit Attila archäologisch nachzuspüren. Wir haben das dann zu Hause gegoogelt und allerdings festgestellt, dass es sich vermutlich nicht auszahlt, mit einer Schaufel der Sache noch mal auf den Grund zu gehen. Eventuell lohnt es sich, im Rahmen von Kindergeburtstagen oder ähnlichen Veranstaltungen zu einer oder mehreren Tafeln eine Schnitzeljagd zu entwickeln?

Für Bewegung ist bei einer Länge von 14 Kilometern reichlich gesorgt. Der offizielle Einstieg in den Rundweg ist in Kammerstein, man kann den Parcours aber überall beginnen oder beenden.

Von Kühedorf kommend, wo uns im Ort Station zwölf mit der *Geschichte der Küheburg* empfängt, folgen wir der Beschilderung nach Norden in den Wald und arbeiten uns von 13 bis 18 in einer Reihe vor. Dann biegen wir eine Strecke nach links ab bis zur 19. Station, der *Sage vom Herzog Ernst*. Danach haben wir die Wahl: geradeaus zur 20. Station und von dort über Kammerstein die volle Runde laufen bzw. fahren? Dafür reicht am Ende unser Motivationsvermögen nicht aus. Meine Kids entscheiden sich dafür, links abzubiegen. Nach ca. 2,5 Kilometern geht's wieder links, zu einer Waldlichtung, der sogenannten Ofenplatte, mit der Station 8. Womit wir uns ungefähr die Hälfte des Weges ersparen.

Wer mit dem Rad unterwegs ist, wie wir, kann sich darüber hinaus noch einen Abstecher zu einem der Wildgehege in dem schönen Waldstück vornehmen. Manchmal ist es gut, mit der Historie Pause zu machen und einfach ein paar Tieren zuzusehen. Als Rastplatz eignet sich außerdem der Waldspielplatz nördlich von Kühedorf. Wir picknicken dort und befriedigen dabei auch gleich noch das Spielbedürfnis der Kleineren. Natürlich gibt's aber in den Gemeinden Kühedorf oder Ungertal Wirtschaften genug, falls die kulinarischen Bedürfnisse der Großen bedient werden müssen.

Tessa Korber

Schon gewusst?
Am ersten Sonntag im Mai findet das Heidenberger Sagenfest statt, inzwischen der größte Mittelaltermarkt Mittelfrankens! Rittermarkt, Kräutermarkt, Zunftmarkt, Schaukampf, Konzert, Gaukler, Feuerdarbietungen, diverse Mitmachaktivitäten und auch Kulinaria erwarten die Besucher in den Gemeinden Heidenberg, Kammerstein und Kühedorf sowie auf der Ofenplatte, einer Waldlichtung des Heidenberges. Ein genaues Programm kann man auf den Homepages der Gemeinden finden unter www.kammerstein.de und www.landratsamt-roth.de.

34 Wo Teufel und Apostel sich begegnen

Rundwanderung zu den berühmtesten Felsen des Altmühltals. Von Solnhofen geht es auf dem Panoramaweg mit tollen Ausblicken an den 12 Aposteln vorbei bis zum Dorf Eßlingen. Der Rückweg auf der anderen Talseite führt über den Maxberg zur sagenhaften Teufelskanzel. In Solnhofen warten schließlich auch noch allerlei Urtiere auf Besichtigung.

In jeder Jahreszeit reizvoll. Für den Apostel-Hang Sonnenschutz nicht vergessen! Bei Eis und Schnee nur mit Vorsicht zu genießen. Im Winter eingeschränkte Öffnungszeiten.

Etwa 7 km, 2–3 Std.

Ab 5 Jahre. Für geländegängige Kinderwagen geeignet.

ÖPNV: Mit der Bahn bis Solnhofen. *Kfz:* Vom Großraum Nürnberg über die B 2 bis Pappenheim, weiter nach Solnhofen. Aus Westen und Osten über die B 13.

Bürgermeister-Müller-Museum, Bahnhofstr. 8, 91807 Solnhofen, Tel. 0 91 45/83 20-20 bzw. -30, Apr–Okt tägl. 9.00–17.00, Nov–März So 13.00–16.00 o. nach Vereinbarung, www.museum-solnhofen.de
Das nahegelegene Pappenheim bietet eine imposante Burg sowie eines der größten Freibäder Bayerns (mit 60-m-Erlebnisrutsche).

Gasthaus 13. Apostel, Eßlingen 1, 91807 Solnhofen, Tel. 0 91 45/83 67 60, www.dreizehnter-apostel.de, Di–So 10.00–19.00, Mo Ruhetag (Achtung: in den Wintermonaten nicht geöffnet).
Gasthaus Schnorgackl, Maxberg 2, 91807 Solnhofen, Tel. 01 60/99 57 94 38, tägl. 11.00–22.00.

Steinalt, steinreich

Solnhofen ist wahrlich ein »steinreicher« Ort. So reich an Steinen mit urzeitlichen Spuren, dass es nicht nur durch den Archäopteryx bei Fossilienfreunden in aller Welt einen klangvollen Namen hat.

Wir heben uns die Begegnung mit den berühmten Urviechern für den Nachmittag auf und starten am Solnhofener Bahnhof zunächst zu unserer Rundwanderung. Die Bahnhofstraße ortseinwärts laufend, kommen wir zur Brücke über die Altmühl. Vor der Überquerung des Flusses können wir hier noch einen lohnenden Abstecher zur linker Hand am Hang thronenden Sola-Basilika machen (Eingang durch das Kirchhoftor an der Senefelderstraße). Neben der heutigen Kirche sind die Grundmauern der fünf Vorgängerbauten, die zu den ältesten Kirchenbauwerken Deutschlands gehören, zu sehen. Die farbige Kennzeichnung der Steine macht die verschiedenen Bauepochen auch für Kinder gut nachvollziehbar. Und die schönen Säulenkapitelle sind eine echte Augenweide.

Auf zu den Aposteln!

Nachdem wir die große Brücke samt der Bahngleise überquert haben, gehen wir nach rechts in die Benediktstraße und gleich darauf links in die Straße »Am Gsteig«. Diese führt uns hinauf zur Staatsstraße, wo wir die Ampel überqueren und sofort rechter Hand in den Hochholzer Weg einbiegen. Jetzt wird es einfach, aber schweißtreibend, da es stetig bergauf geht: Am anderen Ende des langen Hochholzer Weges wartet der Wanderparkplatz, ab dem wir uns auf dem bekannten *Altmühltal-Panoramaweg* (Markierung: roter Weg auf gelbem Grund) befinden.

Hinter dem Rastplatz, der neben dem Parkplatz liegt, gibt es einen schmalen Durchlass in einer Hecke, der uns wie im Märchen direkt auf den Panoramaweg führt. Eigentlich müsste er »Panoramapfad« heißen, denn der in sanftem Auf und Ab am Hang verlaufende Weg ist oft nicht einmal einen Meter breit (bei »Gegenverkehr« wird es eng ...). Wir widerstehen allen seitlich abzweigenden Pfaden und haben schon bald die 12 Apostel vor uns. Zum Glück gibt es immer wieder Ruhebänke, von denen wir den Blick auf die silbrig sich im Tal schlängelnde Altmühl, die Teufelskanzel am gegenüberliegenden Hang oder die wie Türme aufragenden Felsen genießen können. Die 12 Apostel sind Überbleibsel der Riffe des tropischen (!) Jurameeres, das hier vor etwa 150 Millionen Jahren an die Ufer schwappte ... Die aus Schwamm-Algen-Kalken aufgebauten Felsen waren einst ein zusammenhängendes Riff, das sich nach dem Rückzug des Meeres der Verwitterung widersetzte – und in Form von »Solisten« die Zeiten überdauerte.

Der Panoramaweg bietet nicht nur tolle Ausblicke, er ist auch landschaftlich abwechslungsreich: Vom sonnendurchfluteten Hang mit seinen Wacholdersträuchern, auf denen im Sommer Schafe als Landschaftspfleger tätig werden, geht es in lichten Laubwald, in dem es knorrige, alte Buchen zu bestaunen gibt. Sechs, sieben, acht ... von einem Apostel zum nächsten ist es nicht weit. Am Ende gipfelt der Panoramaweg in einer Anhöhe, auf der noch einmal ein Ruhebänkchen zum gemütlichen Blick auf das vor uns liegende Dorf Eßlingen einlädt.

Der Hang, der nun vor uns liegt, ist wie geschaffen dafür, hemmungslos johlend ins Dorf hinunterzurennen. An einem Schotterweg angekommen, taucht die Markierung wieder auf und lotst uns in den Ort hinein, der das Auge mit plattengedeckten Altmühltaler Häusern erfreut. Wir halten uns rechts Richtung Solnhofen und kommen an der – leider nur im Sommerhalbjahr geöffneten – Wirtschaft *13. Apostel* vorbei.

Maxberg, wir kommen!

Nun wollen wir den Maxberg auf der gegenüberliegenden Talseite in Angriff nehmen. Nach der Wirtschaft überqueren wir die Straße und die Brücke über die Altmühl. Rechter Hand passieren wir eine Infotafel und gehen kurz darauf durch eine Unterführung. Auf einem asphaltierten Sträßchen geht es jetzt immer geradeaus Richtung Wald. Den kurz vor dem Wald nach rechts abzweigenden Weg ignorieren wir und bleiben auf dem jetzt geschotterten Weg, der hinein in den prächtigen Laubwald führt. Wir laufen im Bachtal immer leicht ansteigend, bis wir zu einer Weggabelung kommen. Hier folgen wir dem rechts abzweigenden Weg, der das Panoramaweg- sowie das M/D-Zeichen trägt. Der folgende Abschnitt der Wanderung (etwa 1,5 Kilometer) auf dem immer bergauf führenden Forstweg zieht sich etwas ... Glücklicherweise kommt schon bald eine T-Kreuzung, ab der es wieder abwechslungsreicher wird. Unsere Route zurück nach Solnhofen zweigt hier nach rechts ab. Wer noch Hunger hat, könnte auch einen Abstecher nach links machen (die *Gaststätte Schnorgackl* liegt mitten in einem steinverarbeitenden Betrieb auf dem Maxberg, nur einige Hundert Meter entfernt).

Kaum zu glauben – hier war mal ein Meer

Zur Sparbüchse des Teufels

Wir gehen also nach rechts durch den schönen Laubwald bergauf, passieren eine Stromtrasse und biegen noch vor der nächsten Wegkreuzung in den nach rechts mit der Nr. 4 bergab führenden Weg ein. Der zunächst schmale Steig wird zu einem breiten Forstweg und bringt uns zurück in die Nähe des Altmühltals. Bald können wir durch die Bäume die Apostel am gegenüberliegenden Hang erkennen und landen schließlich an einer überdimensionierten Grillhütte. Ein Trampelpfad hinter der Hütte führt hinauf zur Teufelskanzel. Der imposante, doch etwas verloren auf dem Hügel herumstehende Steinblock soll der Sage nach vom Teufel als Sparbüchse aufgestellt worden sein. Und zwar als deutlicher Wink an eine Hexenclique, die ihm Geld fürs Suppekochen schuldete. Armer Teufel! Da will der Kerl sich mal von seiner freundlichen Seite zeigen und wird gleich über den Tisch gezogen …

Selbstredend gibt es auch hier einen tollen Blick auf die 12 Apostel. Im zeitigen Frühjahr bedecken außerdem unzählige lilafarbene Küchenschellen den Hang – ein wunderbarer Anblick. Schließlich gehen wir auf den Forstweg zurück und folgen ihm im großen Bogen hinunter bis zu den Bahngleisen im Tal.

Vor der Schranke führt nach links ein schöner Weg (Nr. 3/4) bergauf, der uns, von Buchen eingerahmt, zurück zum Solnhofener Bahnhof bringt.

Zauberhafte Steinkonserven

Den Archäopteryx kennt jedes Kind, doch wer hat schon mal einen Meerengel gesehen? Des Rätsels Lösung findet sich im Bürgermeister-Müller-Museum gegenüber dem Bahnhof. Hier sind jede Menge Urtiere und -pflanzen auf zauberhafte Weise im Stein konserviert – furchteinflößende Riesenraubfische, Meereskrokodile mit messerscharfen Zähnen, aber auch zarte Libellen und Urzypressen. Obendrein gibt es im ersten Stock eine Ausstellung zum Steindruckverfahren (Lithographie), denn Solnhofen hat mit dessen Erfinder Alois Senefelder eine weitere Berühmtheit aufzubieten.

Für die wohlverdiente Einkehr nach so vielen steinharten Fakten bieten sich einige Lokale im Umkreis der großen Bahnbrücke an. Etwas weiter ist der Weg zum schönen Biergarten der *Alten Schule* mit Blick auf die Altmühl (am Ende der Ferdinand-Arauner-Straße, die oberhalb der Sola-Kirche beginnt).

Barbara Neukam

35 *Auf der Suche nach dem Archäopteryx*

Spannende Fossilien-Schatzsuche mit Hammer und Meißel im Steinbruch am Blumenberg bei Eichstätt. Anschließend entdecken wir den interaktiven Naturwanderpfad beim Walderlebniszentrum Schernfeld.

Steinbruch für Fossiliensammler, Kinderdorfstr., OT Blumenberg, 85072 Eichstätt, Tel. 0 84 21/46 63, www.museum-berger.de, Osterferien–Sep, 10.00– 17.00. Eintritt: Kinder/Jugendl. 1 €, Erwachsene 2 €, Familienkarte 5 €. Werkzeug: Leihgebühr 1,50 €.
Walderlebniszentrum Schernfeld, Harthofer Str. 2, 85132 Schernfeld, Tel. 0 84 22/9 89 04, Mo, Mi, Fr 8.00–12.00, www.walderlebniszentrum-schernfeld.de. Der Walderlebnispfad ist grundsätzlich immer zugänglich, einige Stationen sind allerdings nur im Zusammenhang mit einer Führung nutzbar.

Steinbruch je nach Durchhaltevermögen, Naturerlebnispfad ca. 4,5 km, 2–2 ½ Std.

Ab ca. 5 Jahre. Die Strecke des Naturerlebnispfades ist zwar eben, aber teilweise ist der Boden stark verwurzelt, sodass ein Spaziergang mit Kinderwagen nur eingeschränkt empfohlen werden kann. Alternativ gibt es einen 1 km langen Rundweg, der gut ausgebaut und auch für Rollstuhlfahrer geeignet ist.

ÖPNV: Mit der Bahn bis Eichstätt, dann Buslinie Eichstätt-Blumenberg-Schernfeld bis Haltestelle Kinderdorfstraße bzw. Schernfeld. *Kfz:* A 9, Ausfahrt Altmühltal, dann St 2228 und St 2225 bis Eichstätt, dann B 13 bis Abzweigung Wegscheid (Fossiliensteinbruch) bzw. Abzweigung St 2047 nach Schernfeld (Walderlebniszentrum).

Rastmöglichkeiten sowohl beim Steinbruch als auch auf dem Walderlebnispfad. Brotzeit, wetterfeste Kleidung und gutes Schuhwerk mitnehmen. Wer mehr über die Jurazeit und wertvolle fossile Schätze erfahren möchte, kann das Museum Bergér auf dem Harthof (nahe beim Steinbruch) besuchen. Außerdem gibt es einen vom Bahnhof Eichstätt ausgehenden 9 km langen Fossilienpfad, der auch über den Steinbruch und das Museum führt.

Vor über 140 Millionen Jahren ...

... während der Ära des Oberen Jura, trieb der Allosaurus, einer der gefährlichsten Dinosaurier seiner Zeit, auf der Erde sein Unwesen. Auch wenn er nie in Franken gelebt hat, so steht doch heute eine lebensgroße Nachbildung des gewaltigen Fleischfressers am Blumenberg bei Eichstätt und begrüßt die Besucher des Fossiliensteinbruchs.

Zur Zeit der Dinos gehörte dieses Areal noch zu einem Meeresgebiet, und das damals tropische Klima war Lebensgrundlage für viele faszinierende Tier- und Pflanzenarten. Von Kalkschlamm überdeckt, versteinerten diese Lebewesen im Laufe der Jahrhunderte und sind uns bis heute als Fossilien erhalten geblieben. Über 800 Fossilienarten wurden im Steinbruch am Blumenberg bereits entdeckt, u. a. ein Original des Urvogels Archäopteryx.

Einen solch einzigartigen Fund werden wir heute sicher nicht machen, aber die Versteinerung eines Millionen Jahre alten Ammoniten oder einer prähistorischen Libelle könnte uns auch schon gefallen. Am Kiosk des Steinbruchs können wir uns Hammer und Meißel ausleihen. Nun heißt es, in der mit Kalkscherben überdeckten Grube einen Platz auszuwählen, an dem wir mit der Schatzsuche beginnen wollen. Von dem vor Ort erhältlichen Informationsflyer bekommen wir den Tipp, in den tiefliegenden Gesteinsschichten zu suchen, also wählen wir keine Stelle am Hang, sondern im flachen Bereich des Steinbruchs aus.

Urzeitliche Souvenirs

Behutsam stellen wir eine dünne Kalkplatte senkrecht auf und klopfen sie mithilfe unserer Werkzeuge vorsichtig auf. Wir merken schnell, dass es sinnvoll ist, den Meißel an mehreren Stellen rings um die Platte anzusetzen und die Schichten dann achtsam voneinander zu lösen, damit der mögliche Fossilienfund nicht vorzeitig zu Bruch geht. Und tatsächlich, wir graben mehrere Haarsterne aus. Die auch als Seelilien bekannten Stachelhäuter gehören zu den Urzeitverwandten der heutigen Seesterne und Seeigel. Außerdem entdecken wir verschiedene Versteinerungen, die wir fälschlicherweise zuerst als Farne identifizieren. Allerdings handelt es sich hierbei nicht um fossile Lebewesen, sondern um Dendriten, die sich durch in das Gestein eingesickertes Regenwasser gebildet haben. Nichtsdestotrotz haben die feinen Verästelungen der Dendriten wunderschöne blumige Abbildungen in den Kalkplatten hinterlassen.

Nach zwei Stunden konzentrierter Klopfarbeit haben wir zwar keinen spektakulären Fund gemacht, dennoch sind wir von unseren kleinen Schätzen beeindruckt und packen sie nicht ohne Stolz zusammen.

Wo steckt der Wolf?

Nach der Brotzeit mit Blick über den Steinbruch machen wir uns auf den Weg ins nahegelegene Schernfeld. Wir haben im Touristenbüro der Stadt Eichstätt den Hinweis bekommen, dass es dort einen spannenden Naturerlebnispfad gibt. Der 4,5 Kilometer lange Abenteuer-Parcours gehört zum Programm des Walderlebniszentrums Schernfeld und ist einer von drei Rundwegen, die den Wald mit viel Spaß und auf spielerische Art und Weise erlebbar machen sollen. Wir folgen der Spur des *blauen Wolfes,* der uns als Wegweiser des

Kleiner Urzeit-Schatz aus dem Fossiliensteinbruch Blumenberg

Drahtseilakt auf dem Abenteuer-Parcours in Schernfeld

Pfades begleitet, und treffen bereits an der ersten Station auf eine feuchte Herausforderung. Über einen Wassertümpel spannt sich ein schmales Seil. Wer beweist genügend Mut und schafft es trockenen Fußes, über das Hindernis zu balancieren?

Auch an der Affenschaukel sollte man lieber nicht wasserscheu sein. Wie Tarzan haben wir die Gelegenheit, uns über ein großes Wasserloch zu schwingen. Ein besonderes Erlebnis verspricht uns die Riesenschaukel, die zwischen zwei hohen Bäumen und über einer tiefen Mulde hängt. Es kribbelt kräftig im Bauch, während man praktisch direkt in den Wald hineinschaukelt. Mit dem Flyer des Abenteuerspielpfades in der Hand können wir außerdem unser Wissen über die heimischen Baumarten testen. Welcher Baum wird beispielsweise »Mutter des Waldes« genannt und stellt seine Früchte für die Ölgewinnung zur Verfügung? Zahlreiche weitere Stationen wie ein Labyrinth, ein Spinnennetz oder eine lebendige Sonnenuhr bieten jede Menge Spaß und viel Wissenswertes über Wald und Flur und lassen die Zeit auf dem abwechslungsreichen Wanderweg wie im Nu vergehen.

Sylvia Schaub

Die Autorinnen

Tessa Korber arbeitet seit 1998 als freie Autorin. Sie verfasste über zwanzig historische Romane und Krimis, darunter sechs Nürnberg-Krimis um die Kommissarin Jeannette Dürer. Bei *ars vivendi* erschienen bisher von ihr *Das Leben ist mörderisch*, der historische Kriminalroman *Todesfalter* um Maria Sibylla Merian und der Tatortreiniger-Krimi *Die Saubermänner*. Tessa Korber lebt und »ausflugt« mit ihren beiden Söhnen unweit der Fränkischen Schweiz.

Barbara Neukam, Jahrgang 1966, gelernte Buchhändlerin, lebt mit ihrer Familie in Fürth. Sie entdeckt Franken am liebsten zu Fuß und freut sich, wenn dabei elterliche Genussbedürfnisse und kindlicher Erlebnisdrang zusammenfinden. Was durchaus nicht mehr so einfach ist, seit die »Teenies« hier ihre eigenen Vorstellungen entwickeln ...

Bettina Sandmann hat ein Lehramts- und Kommunikationsstudium nebst Lehr- und Gesellenjahren als Fotografin in Norddeutschland verlebt. In den vergangenen 20 Jahren schrieb sie für diverse Redaktionen von *Diepholzer Kreisblatt* über *Osnabrücker Nachrichten* bis *Nürnberger Zeitung* und betreute Projekte im Bereich Öffentlichkeitsarbeit. Vor zehn Jahren zog sie nach Franken und arbeitet seither als Redakteurin und Beraterin für regionale PR-Agenturen. Sie lebt mit Mann und Tochter im Knoblauchsland vor den Toren Nürnbergs.

Sylvia Schaub, 1967 in Hagen geboren, ist ehemalige Bucheinkäuferin und studiert Journalismus an der Freien Journalistenschule Berlin. Seit vielen Jahren engagiert sie sich im Kinder- und Jugendsportbereich und leitet seit Kurzem ein Balltraining für Vorschulkinder. Bei *ars vivendi* hat sie bereits am *Ausflugs-Verführer Franken* und an *Nürnberg zu Fuß* mitgewirkt. Mit Vorliebe unternimmt sie mit Mann und Tochter Rad- und Wandertouren und spürt Ausflugsziele in ihrer fränkischen Wahlheimat auf.

Claudia Sebert, Jahrgang 1977, will doch nur spielen! Am liebsten mit ihren drei Kindern und fast genauso gern mit Worten. Toll, wenn sich das verbinden lässt. Und noch besser, wenn es in den Texten um ihre oberfränkische Heimat geht, denn hier fühlt sich die *Frankenpost*-Redakteurin tief verwurzelt. Kurz vor ihrer Elternzeit erhielt sie den Marion-Dönhoff-Förderpreis für Nachwuchsjournalisten und verfasst jetzt – inspiriert vom Nachwuchs – Krimis für Kinder.

Register

A

Allmannsdorf 150, 154
Alte Weihnachtsfabrik 92
Apostel 7, 158, 159, 160, 162
Arnoldhütte 83, 87
Aromagarten 26, 28, 29, 30

B

Bamberg 6, 93, 94, 95, 96, 97, 104
Bischofsgrün 6, 65, 66, 70, 71, 72
Blumenberg 164, 165, 166
Brombachsee 7, 150, 152, 154
Brummer's Bauernhof 146, 148
Büchenbach 155
Burgberg 26, 27, 28, 30, 33, 34
Bürgermeister-Müller-Museum 158, 163
Burg Rabeneck 50
Burg Zwernitz 56, 57

D

Deutsche Post 16
Deutsches Dampflokomotiv-Museum 60, 61
Deutsche Telekom 16
Dittenheim 146
Doos 49, 50, 51
Druidenhain 5, 45, 46, 47

E

Ebermannstadt 41, 45, 47, 48, 49, 56
Ebrach 103, 106
Eichstätt 7, 164, 165, 166
Erlangen 5, 17, 22, 26, 27, 30, 46
Erlebnisernten 5, 17, 18
Eßlingen 158, 160

F

Felsengarten Sanspareil 56
Felsenlabyrinth 6, 73, 77
Flusserlebnispfad 93, 97
Fossiliensteinbruch 7, 164, 165, 166
Frammersbach 120
Fränkische Schweiz 36, 42, 49

G

Gemünden a. Main 6, 111, 112, 113
Georgensgmünd 7, 150, 151, 152
Großer Wörth 102
Großweingarten 152

H

Habichsthal 120
Handthal 103, 107
Haßbergtrauf 98, 99
Haßfurt 6, 98, 99, 102, 103
Heidenberg 7, 155, 156, 157
Heiligenblut 154
Historisches Weihnachtsmuseum 88
Hochreinsee 100, 101
Hof 6, 78, 79, 81
Höhlenwanderweg 5, 42, 44
Huckepack 17, 18, 20
Hüttendorf 5, 17

I

idea Dschungel-Paradies 60, 62

K

Kammerstein 155, 156, 157
Kanndorf 45, 47, 48
Kapellenberg 99, 125, 126

Kirchner, Heinrich 27
Klein-Venedig 94, 95, 96
Kletterwald 36, 38, 66
Kriminalmuseum 141, 145
Kühedorf 155, 156, 157

L

Labyrinth 45, 46, 73, 74, 77, 78, 80, 167
Lauscha 92
Lichtenegg 5, 31, 32, 33, 34, 35
Lohr am Main 115, 118, 119, 120
Ludwig-Donau-Main-Kanal 97
Luisenburg 6, 73, 74, 76

M

Main 6, 7, 97, 98, 99, 100, 101, 102, 108, 111, 113, 114, 115, 116, 118, 119, 120, 124, 125
Malerwinkelhaus 124, 125, 128
Märchenwanderweg 65, 68
Marktbergel 7, 135
Marktbreit 7, 124, 125
Maxberg 158, 160
Mengersdorf 5, 52
Methusalempfad 103, 104, 105
Mistelgau 52
Mittelalter 112, 114, 119, 141, 142, 144, 145, 155, 157
Muggendorf 5, 41, 42, 44
Münchsteinach 7, 129, 134
Muppberg 83, 86, 87
Museum der Deutschen Spielzeugindustrie 88, 89
Museum für Kommunikation 5, 14

N

Naturerlebnisweg 98, 101
Neideck 45, 47
Neuenmarkt 6, 60, 61, 62, 64
Neustadt/Aisch 129, 135
Neustadt b. Coburg 6, 83, 84, 87, 88, 89, 92
Nürnberg 5, 9, 12, 14, 25, 144, 155, 158

O

Oasen der Sinne 7, 129
Ochsenkopf 6, 65, 66, 68, 69, 70, 71, 72
Oswaldhöhle 42, 44

P

Panoramaweg 158, 159, 160
Pegnitz 9, 11, 13, 36, 41, 49
Petersberg 7, 135, 137, 138, 139, 140
Pferdeparadies Sanspareil 6, 56, 57
Planetenweg 7, 150, 151, 152, 154
Poetenwäldchen 12
Pottenstein 5, 36, 41
Pulvermühle 49, 50

R

Regnitz 49, 93, 94, 95, 97
Römerrundweg 124, 125, 126, 128
Rosenmüllerhöhle 44
Rothenburg o. d. Tauber 141, 142, 143, 145

S

Saale 111, 113
Sagenwanderweg Heidenberg 7, 157
Sammenheim 7, 146
Sand a. Main 98, 100
Sanspareil 6, 56, 57, 59
Schandtaubertal 141
Scherenburg 111, 113, 114
Schernfeld 164, 166, 167

Schweinfurt 6, 108, 110
Sichelsee 102
Sinn 111, 113
Skulpturengarten 26, 27, 29
Solnhofen 158, 159, 160, 163
Sommerrodelbahn 65, 67, 69
Sonneberg 87
Spalt 150, 152
Spessart 7, 111, 115, 116, 118, 119, 120, 123
Spessartmuseum 7, 115, 116
Steigerwald 6, 103, 107, 129
Steinach 130, 133
Stirn 154
Stollberg 103, 107

T

Tennenloher Forst 5, 22, 23
Teufelskanzel 158, 159, 162
Topplerschlösschen 140, 141, 145
Turm am Sichelsee 102

U

Unterbreitenlohe 154
Untreusee 6, 78, 79, 80, 81
Urwildpferde 5, 22, 23, 24

V

Villeneuve-sur-Lot 83, 84, 85, 87

W

Waischenfeld 49, 50
Walderlebnispfad 111, 164
Walderlebniszentrum 22, 23, 164, 166
Wasserspielplatz 26, 28
Wasserzell 152
Weidenloh 36
Wiesent 5, 49, 50
Wildbad 141, 142, 143
Wildpark 6, 108, 109, 110
Witzenhöhle 43, 44
Wohlmannsgesees 5, 45, 47, 48
Wundershöhle 42, 43
Wunsiedel 73

Z

Zauberwald 31, 34, 52, 54
Zeil a. Main 6, 98, 99

Wandern, Wein und Wohlgefühl

▷ Von grünen Weinbergen über beschauliche Winzerstädtchen zu traditionsreichen Weingütern – Franken ist ein Paradies für jeden Weinliebhaber. *Der Ausflugs-Verführer Weinfranken 2* bietet 20 abwechslungsreiche Wandertouren in die schönsten fränkischen Weinregionen, informiert über historische und kulturelle Hintergründe der Anbaugebiete und empfiehlt nicht zuletzt besonders gute Tropfen und hervorragende Möglichkeiten zur Einkehr. Alles Wichtige zu Dauer der Touren und Anreise ist übersichtlich zusammengestellt – so steht auch spontanen Ausflügen mit der ganzen Familie nichts im Wege!

- 20 neue, sorgfältig recherchierte Touren
- Herrliche Ziele für Naturfreunde, Freizeitsportler und Genießer
- Mit nützlichen und anschaulichen Einkehr- und Ausflugstipps, Weinempfehlungen, Wanderungen und weiteren interessanten Zusatzinfos

Der Ausflugs-Verführer
Weinfranken 2
Klappenbroschur, 192 Seiten
ISBN 978-3-86913-283-9

ars vivendi

Frankens blaues Wunder

▷ Ritterburgen und Römerthermen, erfrischende Gewässer, eine einzigartige Flora und Fauna sowie die perfekte Umgebung für Wanderer, Radler und Gourmets – das Fränkische Seenland ist ein wahres Paradies. Dieser Band bietet 30 sorgfältig recherchierte Genießer-Ausflüge durch eine faszinierende Kulturlandschaft und lädt ein zu idyllischen Spaziergängen, Segeln für Anfänger und vielem mehr. Der Ausflugs-Verführer zeigt auf eindrucksvolle Weise, dass man nicht um die halbe Welt reisen muss, um einen unvergesslichen Urlaub zu erleben.

- Ausführliche Beschreibungen und übersichtliche Infoboxen machen die Touren zu einem unkomplizierten Vergnügen
- Völlig neue, überarbeitete und aktualisierte Auflage
- Mit zahlreichen Insidertipps zu Gasthäusern und Sehenswürdigkeiten
- Für alle, die Frankens Wasserwelt entdecken wollen

Der Ausflugs-Verführer
Fränkisches Seenland
Klappenbroschur, 176 Seiten
ISBN 978-3-86913-309-6

ars vivendi